Les Écrans-rois

Carole Bienaimé Besse

Les Écrans-rois

Smartphones, consoles, tablettes : aidons nos enfants à reprendre le contrôle

Éditions de L'Observatoire

ISBN : 979-10-329-2558-4
Dépôt légal : 2023, mai

170 *bis*, boulevard du Montparnasse, 75014 Paris

Pour Augustin, pour Joséphine.

« À mesure que la nécessité se trouve socialement rêvée, le rêve devient nécessaire. »

Guy Debord

Introduction

Internet, de l'utopie au désenchantement

La crise sanitaire a radicalement modifié notre rapport au numérique. Entre le dernier trimestre 2019 et le premier trimestre 2020, lorsque les pouvoirs publics ont intimé à l'humanité tout entière de ne plus sortir, de ne plus se voir, de ne plus se toucher, il a fallu brutalement réinventer notre façon d'interagir les uns avec les autres, pour continuer à vivre, travailler, s'informer, s'instruire, se divertir, se soigner et s'aimer.

Nos interactions sociales en ligne se sont intensifiées, et le numérique s'est imposé comme l'élément indispensable à la survie de notre espèce qui a sérieusement pensé à ce moment-là qu'elle était menacée d'extinction.

En 2020, les enfants ont fait une entrée accélérée et débridée dans le numérique. Plus question de restreindre l'accès aux différents terminaux puisque le savoir, l'école n'était plus accessible que par ce biais ! Plus question non plus de limiter le temps d'accès, car cette nounou numérique, corvéable à merci et aux horaires illimités, permettait aussi d'occuper les enfants quand les parents tentaient de ne pas perdre le contact avec leurs entreprises grâce aux visioconférences. La frontière entre le temps d'apprentissage et le temps d'écran est devenue très floue, pour atteindre plus de sept heures de connexion par jour en moyenne. Un record.

Jeux vidéo en ligne, séries, films, vidéos, boucles de *reels* – même lorsqu'ils étaient inappropriés pour l'âge de l'enfant –, tout était bon pour ne pas sombrer, ne pas rester éloignés de ses amis, garder un semblant de vie sociale, tout en étant assigné à résidence et privé d'interaction physique avec quinconque.

Pour les plus grands, ce fut soit le retour forcé chez les parents, soit le double isolement, puisqu'il s'agissait de se confiner seul dans un logement étudiant, exigu, souvent loin des siens. L'écran d'apprentissage se réduisant souvent à un écran noir fait d'une mosaïque de dizaines d'initiales, les professeurs ayant la plupart du temps demandé de ne pas allumer la caméra et le micro pour ne pas perturber le bon déroulement des cours en visioconférence, libérer de la bande passante, et ainsi permettre aux étudiants d'une promotion entière de se connecter en même temps. La place de l'écran est devenue centrale et ces outils se sont démultipliés. Cette exposition débridée est devenue une habitude. Le confinement terminé, et malgré tous nos appels à sortir et à « chérir le dehors » durant tous ces mois, nous ne sommes pas revenus en arrière, le pli était pris. Il fallait toujours consommer plus, plus vite, des programmes en ligne, être présents sur tous les réseaux sociaux pour être bien certains de ne rien manquer.

Tout cela sans jamais se poser la question du bien-être de notre cerveau et de notre corps. Hélas, beaucoup d'entre nous, beaucoup d'adolescents, beaucoup d'enfants ont depuis été rattrapés et ont sombré dans une accoutumance destructrice, abrutissante et vaine, qui peut aller jusqu'à la dépression.

Pourtant, avec un peu de compréhension du numérique, et pas mal de dialogue, il serait facile d'apprendre aux adolescents comme aux enfants – et à nous-mêmes ! – à mieux utiliser nos outils de communication numériques et à ne plus se laisser dévorer par eux.

Mais il serait trop simple de diaboliser ces outils sans les comprendre et sans s'arrêter dans un premier temps sur l'origine de la philosophie de leur conception.

Comprendre l'histoire des technologies permet de comprendre les nouvelles modalités qui en découlent et, avec elles, les troubles civilisationnels, anthropologiques et politiques qui affectent désormais nos sociétés.

« Espace, frontière de l'infini vers laquelle voyage notre vaisseau spatial... » Cette phrase pleine de promesses qui introduisait chaque épisode de la série *Star Trek*, de Gene Roddenberry, symbolise une de nos utopies les plus chères : aller au-delà de nos frontières physiques, mais également de la frontière de l'infini. Pour comprendre ce qui se joue aujourd'hui, il est indispensable de comprendre comment le Web que nous connaissons a été conçu et la philosophie sous-jacente de chacune de ses grandes évolutions. Sans remonter aux calendes grecques, la chercheuse Ronda Hauben situe la naissance d'Internet en 1973 et non pas dans les années 1960 comme on le dit souvent[1]. Ces années marquèrent l'apparition de l'Arpanet, un réseau américain de commutation par paquets. L'objet d'Internet dans l'esprit de ses créateurs était de créer un réseau international de communication, un réseau capable de regrouper l'Arpanet américain, Cyclades, le réseau français, et NPL, et le réseau britannique[2].

Sur la base des travaux de l'ingénieur français Louis Pouzin, inventeur de Cyclades, Vinton Cerf et Bob Khan créèrent les suites des protocoles Internet TCP/IP[3]. Ce sont en quelque sorte les pères fondateurs d'Internet. Mais l'aventure dans laquelle nous sommes aujourd'hui commence dans les années 1990, lorsque Tim John Berners-Lee, ingénieur britannique, anobli depuis par la reine Élisabeth II, développe au sein du CERN[4] le World Wide Web, avec l'aide de son collègue belge Robert Cailliau. Son ambition initiale était le partage sur un seul réseau de toutes les informations, afin de faciliter la communication et les travaux des chercheurs du CERN. Philanthrope, il demanda au CERN de verser son invention au domaine public.

À partir de là, tout le monde put s'y connecter et y construire des applications. En quelques mois, des millions de blogs et de sites sont créés. L'arrivée d'Internet en a été la première manifestation. Elle a aussi été la promesse d'un monde meilleur. « La déclaration d'indépendance du cyberespace » de l'activiste américain John Perry Barlow publiée le 8 février 1996 lors du sommet de Davos, en réponse au vote de la loi *Telecommunications Act* qui visait à inclure Internet dans la régulation des communications aux États-Unis, en est la parfaite illustration[5]. À la fin des années 1990, ce monde que décrivait John Perry Barlow était la prophétie autoréalisatrice d'un monde meilleur, d'un monde plus libre, plus juste, plus égalitaire, où l'être humain y serait plus intelligent, et plus heureux.

Les ouvrages et les récits de science-fiction de l'époque célébraient l'avènement d'Internet. Internet, le symbole de la libération de l'humanité. *Matrix* en est l'illustration. Le lapin blanc d'*Alice au pays des merveilles* y avait pris la forme d'un tatouage censé guider Neo, le protagoniste du film, vers sa libération et celle de l'humanité tout entière.

Force est de constater que le cyberespace décrit par John Perry Barlow n'est pas celui que nous connaissons aujourd'hui. Dans de nombreux pans de nos vies, il n'a pas du tout été libérateur, bien au contraire. La littérature scientifique s'étoffe, et nous commençons à avoir le recul nécessaire pour tirer un premier bilan sur ces problématiques. Par ailleurs, les voix se lèvent pour alerter sur les dérives du Web, à commencer par celles des pionniers d'Internet, celles et ceux qui ont conçu le Web tel que nous le connaissons aujourd'hui. Une régulation nouvelle et dédiée est en train d'être rédigée et expérimentée. Il m'a donc semblé qu'il était le bon moment de poursuivre le débat dans ce livre et de partager ce que j'observe au plus près depuis une quinzaine d'années.

Première partie

Le règne de la distraction perpétuelle

« Choisis la pilule bleue et tout s'arrête, après tu pourras faire de beaux rêves et penser ce que tu veux. Choisis la pilule rouge : tu restes au pays des Merveilles et on descend avec le lapin blanc au fond du trou. »

Morpheus, dans *Matrix*

1

Le piège du *rabbit hole* : toujours plus, et toujours rien

« Oh, mon Dieu ! Oh, mon Dieu ! Je vais être en retard ! » répète paniqué le lapin dont les yeux roses restent rivés sur sa montre à gousset. Alors qu'elle paresse dans l'herbe, Alice est quelque peu interpellée par ce lapin très apprêté, doté de la parole. Elle ne résiste pas à la curiosité d'en savoir plus. Sans hésiter, Alice le suit dans son terrier, pour finir par être entraînée dans une chute vertigineuse jusqu'au pays des Merveilles. Merveilles, au sens « extraordinaire » bien sûr, tant les rencontres de ce voyage initiatique en réalité alternative ne furent pas toutes merveilleuses. Bien qu'enrichissant, ce voyage s'apparente plus à une compilation de bizarreries surréalistes et absurdes, à la limite parfois de l'horreur.

À l'ère numérique, le *rabbit hole*, littéralement « trou de lapin » et que l'on peut traduire par terrier, ou gouffre, a pris une forme métaphorique. Il représente une sorte de tunnel causé par un enchaînement itératif et en cascade de changements de trajectoires au gré de la navigation en ligne. Il est le plus souvent involontaire. Le Web a essentiellement été conçu pour fonctionner comme un terrier de lapin en raison de la conception des hyperliens. L'analyse Web, l'analyse de données et les recherches sémantiques, etc., en sont les parfaits exemples. Les infernaux systèmes de réponse vocale interactive (IVR) et les appels au service d'assistance peuvent aussi s'apparenter à des *rabbit holes* dans lesquels nous entrons contraints et forcés, sans savoir à quel moment nous pourrons en ressortir. Pris au piège de la fameuse voix de synthèse : « pour une réservation dites "réservation" », « pour acheter un billet dites "billet" », « pour payer votre facture dites "facture" » ; « je n'ai pas compris votre demande, veuillez revenir au menu principal »... Bref, un enfer !

La plupart du temps, nous nous engageons sur un sentier numérique avec un objectif clair et précis, puis patatras ! c'est la chute ! Nous nous laissons distraire par des événements divers et variés ; par association d'idées, nous changeons plusieurs fois de direction en cours de route, finissant par nous retrouver dans un endroit inattendu, généralement sans avoir satisfait le but initial de notre quête. Le sentier mène souvent à des découvertes fortuites. De plus, selon le principe d'obliquité, le chemin sinueux peut éventuellement s'avérer plus productif qu'un chemin plus direct, mais il faut bien le reconnaître, c'est extrêmement rare. La sérendipité est rarement au bout du chemin. Vous vous apprêtez par exemple à répondre à une dizaine de courriels de travail non ouverts, dont certains comportent la mention « important », signalée par un point d'exclamation écarlate, quand votre ordinateur vous rappelle par une alerte que la fête d'anniversaire du meilleur ami de votre petit dernier a lieu dans deux jours. Vous réalisez que vous n'avez toujours pas trouvé de cadeau. Vous partez alors à la chasse du meilleur jeu de construction. Trois heures et une vingtaine de fenêtres ouvertes plus tard vous avez exploré tous les sites de vente en ligne de jouets, consulté tous les forums et les fiches descriptives des jeux de construction en vogue, vous avez comparé les prix, mais vous n'avez toujours pas répondu à ces e-mails importants ; et le cadeau finalement commandé n'arrivera certainement pas à temps pour le jour J.

Parfois le niveau de distraction est tel que nous retrouvons exposés à un degré d'expertise anormalement élevé sur un sujet mineur. Vous vous connectez par exemple pour regarder la rediffusion en ligne du bulletin météo, que vous avez manqué, avant de partir en voyage. Et en moins de temps qu'il ne faut pour le dire, de vidéo en vidéo, vous voilà expert des phénomènes atmosphériques et de leurs évolutions en fonction de la pression, de la température et de l'humidité et du réchauffement climatique. En revanche vous ne savez toujours pas si vous aurez besoin de bottes de pluie ou d'un maillot de bain pour boucler votre valise avant de partir. Cette requête initiale nécessitait-elle ce degré de réponse, digne d'un entretien d'embauche pour rejoindre Météo-France ?

Grâce à l'abondance, à la variété et à l'accès instantané aux contenus en ligne, beaucoup tombent dans ces terriers spectaculaires et attractifs, car ils regorgent entre autres d'histoires effrayantes, d'obscures théories du complot ou de conseils en tous genres. Certaines applications s'avèrent être des *rabbit holes* en soi, car conçues comme tels. Ces services spécifiques ont souvent l'apparence de réseaux sociaux. Grâce à des algorithmes très sophistiqués, ils nous font naviguer d'un lien à l'autre ou nous entraînent dans un *scroll*[1] infini. Nous savons aujourd'hui que le terrier n'a pas de fond, le scroll a été conçu pour être infini, d'où son nom dès sa conception d'*infinite scroll*. Wikipédia, Netflix, Amazon, Facebook/Meta, YouTube, TikTok, etc. sont de ceux-là, des portes vers les *rabbit holes*. Ces « trous de lapin » sont devenus si courants que nous parlons maintenant de *wikiholes*. Les plateformes de vidéos à la demande ne sont pas en reste, nous avons tous fait l'expérience de passer un temps interminable à chercher une série ou un film à regarder, en faisant défiler les propositions des interfaces d'accueil de ces plateformes, pour réaliser une heure plus tard que nous n'avions finalement rien regardé, si ce n'est un enchaînement de bandes-annonces qui s'enclenchent automatiquement.

Que dire du visionnage boulimique ? Le *binge watching*, comme le *binge drinking*, les beuveries, est devenu un comportement courant. Auparavant, il fallait attendre quelques jours avant la diffusion de l'épisode suivant de notre série préférée. Aujourd'hui il s'affiche avant même que le générique de fin du précédent n'ait commencé, et nous nous retrouvons hagards à 5 heures du matin après avoir vu la saison intégrale d'une série captivante... ou moyenne, avec un coup de pouce algorithmique et des paramètres par défaut qui déclenchent un enchaînement automatique des épisodes. Le *post-play* est le cousin de l'*infinite scroll*.

Comme Alice, les enfants et les adolescents sont ceux qui se retrouvent le plus souvent piégés dans ces terriers. Théories du complot, désinformation, pornographie, violence, discours de haine, cyberharcèlement sont malheureusement souvent les contenus qui les attendent sur le chemin de cette recherche du bout du tunnel.

Ces enchaînements digressifs nous entraînent dans un espace-temps alternatif qui nous font perdre une, deux, trois, heures... sans nous en rendre compte. Ces heures se seraient-elles perdues toutes seules comme le suggère le chapelier du conte de Lewis Carroll ? Nous verrons que ce n'est pas aussi simple que cela.

Ces digressions numériques ne sont pas à confondre avec la sérendipité, qui vous mène par hasard à une découverte importante, ou encore comme certains le pensent, avec la flânerie ou l'errance mentale. Ce que je viens de décrire ne s'apparente aucunement à ce que nous appelons communément *la rêverie*. En effet, cette dernière, longtemps considérée comme pernicieuse, peut jouer un rôle crucial à la fois dans la planification autobiographique et la résolution créative de problèmes, fournissant ainsi au moins deux fonctions adaptatives possibles du phénomène. Dans leur dernière étude, les psychologues cognitifs américains Benjamin Mooneyham et Jonathan Schooler reviennent sur les premières thèses relatives à l'errance mentale et aux preuves substantielles qui suggèrent qu'elle se produit généralement à un coût significatif pour la performance. Des déficits d'efficacité liés à l'errance mentale ont été observés dans de nombreux contextes, notamment la lecture, les tests d'attention soutenue et les tests d'aptitude[2]. Il a été démontré que l'errance mentale a un impact négatif sur la compréhension de la lecture et la construction de modèles, altère la capacité à retenir les réponses automatisées et donne de mauvais résultats aux tests de mémoire de travail et d'intelligence. Ces coûts empiriquement identifiés de l'errance mentale ont conduit à la suggestion que ce phénomène peut représenter un pur échec du contrôle cognitif et donc présenter peu d'avantages. Or dans cette étude les deux psychologues démontrent également que l'errance mentale joue un rôle majeur dans la créativité. C'est un constat scientifique ancien que l'étude de Benjamin Mooneyham et Jonathan Schooler vient renforcer. Ce qu'ils nomment la « réflexion hors tâche » stimule la créativité, cette « mise au point délibérée » est donc salutaire. Les plus emblématiques étant celles qui interviennent sous la douche, ou pour les hommes, en « se rasant le matin ». Ces errances mentales sont souvent à l'origine de très bonnes idées. Des travaux d'imagerie cérébrale ont démontré que le vagabondage de l'esprit s'accompagne souvent d'une activation de deux zones du cerveau : le réseau exécutif, lié au raisonnement, et le réseau par défaut, associé à la pensée et à l'imagination. Nous sommes donc assez éloignés de notre *rabbit hole*.

Comme l'a observé la journaliste Kathryn Schulz, quand nous disons aujourd'hui que nous sommes tombés dans un terrier de lapin, nous voulons rarement dire que nous nous sommes retrouvés dans un endroit étrange, psychédélique[3]. Nous avons tous expérimenté ces errances numériques involontaires et chronophages ; cela peut être parfois assez perturbant tant certaines images ou certains contenus peuvent être choquants (terrorisme, pédocriminalité...), y compris pour les adultes que nous sommes et dont le cerveau est totalement construit. Alors, imaginons l'impact que cela peut avoir sur un enfant dont le cerveau n'est pas arrivé à maturation. Tant au niveau de sa concentration, de sa capacité d'apprentissage, que de ce que cela implique comme exposition potentielle à des images inappropriées ou à des interlocuteurs non désirés.

Aujourd'hui, un internaute sur deux est mineur. L'âge moyen d'acquisition d'un smartphone est de 9 ans, c'est-à-dire, dès l'école primaire, ce qui s'accompagne souvent d'une inscription sur les réseaux sociaux[4]. Et dans la plupart des cas, aucune explication n'accompagne la remise de cet outil à leurs enfants par les parents. Nous le verrons, le smartphone, la tablette, la console, l'enceinte connectée sont des outils formidables, mais ils n'ont pas été conçus pour les enfants, et ne sont donc pas sans danger pour eux. En dépit de cela, 49 % des enfants âgés de 0 à 14 ans en France possèdent un outil de communication audiovisuelle ou numérique : avec une préférence pour les smartphones, tablettes et consoles. Les enfants de 3 à 17 ans passent en moyenne trois heures par jour devant les écrans, et cela va en s'accélérant. Le smartphone est le support le plus utilisé par les jeunes pour visionner des vidéos pornographiques, deux tiers des enfants de moins de 12 ans en possèdent un.

De mars à mai 2020, dates du premier confinement lié à la pandémie Covid-19, les enfants de 6 à 12 ans ont eu un temps d'exposition quotidien aux écrans d'environ sept heures, notamment du fait de la continuité pédagogique en distanciel. Les confinements liés à la crise sanitaire ont mis en évidence la place incontournable qu'occupent les écrans dans notre vie quotidiennes et en particulier celle de nos enfants.

Le songe d'Alice fut un voyage initiatique, de l'enfance à l'âge adulte. Le lapin malicieux aura eu le mérite de le faire comprendre à Alice. Mais ce n'était qu'un rêve ; aujourd'hui ces voyages en réalité parallèle peuvent se transformer en cauchemars éveillés pour nos enfants qui sont souvent seuls dans leur chambre à regarder des contenus en ligne. 38 % des enfants jouent seuls à la console de jeux vidéo, 30 % affirment regarder seuls des séries, sans tenir compte de la signalétique, 45 % regardent des vidéos courtes et 70 % fréquentent seuls les réseaux sociaux[5]. Il n'est donc pas surprenant qu'à 12 ans, plus d'un enfant sur trois ait déjà été exposé à un contenu pornographique[6]. 62 % des jeunes ont vu leurs premières images pornographiques avant d'entrer au lycée, soit avant l'âge de 15 ans. Plus de 82 % des mineurs ont été exposés à des contenus pornographiques. Cela n'est pas sans conséquence sur le développement de nos enfants, sur leur apprentissage de la vie. 44 % des jeunes ayant déjà eu un rapport sexuel déclarent avoir essayé de reproduire des scènes ou des pratiques vues dans des films ou vidéos pornographiques[7]. Ce n'est pas non plus sans conséquence sur l'inconscient collectif, et sur une société tout entière, d'être abreuvé d'images d'une telle brutalité, où les femmes sont représentées de façon aussi dégradante. Certaines affaires en cours de jugement au pénal en France et aux États-Unis font état d'actes d'extrême violence, de torture, de viols, de pédopornographie, de pédocriminalité et de proxénétisme. Elles ont pu démontrer que la pornographie d'aujourd'hui est très éloignée des films au carré blanc d'hier et de la liberté d'aimer sans contrainte incarnée par Emmanuelle.

Le temps a passé depuis le conte de Lewis Carroll. Aujourd'hui, le lapin malicieux a creusé des terriers partout sur la Toile. Il s'est invité dans nos vies numériques, avec un impact important sur nos sociétés. Il est omniprésent. Il interpelle nos enfants, il nous interpelle, par le biais d'algorithmes souvent qui amplifient la dimension compulsionnelle des technologies, en nous emmenant sur des chemins de traverse souvent non désirés, car non balisés.

Avec le temps, le petit lapin blanc s'est reproduit, tel l'agent Smith de *Matrix* des sœurs Wachowski, et a pris des formes différentes. Il s'est tout d'abord présenté à Neo sous la forme d'un tatouage apposé sur le bras d'une jeune femme accompagnant un de ses visiteurs. Assoupi, pendant que son ordinateur est en plein calcul, il se réveille soudain, après que s'est inscrit sur son écran le message suivant : « Réveille-toi Neo, tu es dans la Matrice... Suis le lapin blanc ! » Tentateur irrésistible, le lapin n'a même plus besoin de parler pour qu'on le suive. Neo n'hésite pas une seconde. Il se présente à nouveau à lui lorsque Morpheus, leader de la résistance, lui propose de prendre la pilule rouge – le chemin de la vérité, par opposition à la pilule bleue, qui maintient dans l'ignorance – et de rester « au pays des Merveilles et de lui montrer jusqu'où va le terrier du lapin »[8].

Aujourd'hui l'injonction n'est plus la même. C'est nous qui sommes en retard, le lapin, lui, a fait son ouvrage. Impossible d'échapper à ses terriers. Neo était en retard sur la réalité de sa condition humaine. Quant à nous, quel est l'objet de notre retard ? S'agit-il encore de l'éternel débat entre ceux qui arrivent toujours à l'heure, voire en avance, et ceux pour qui le quart d'heure, ou plus, de retard est de rigueur ? Serions-nous tous devenus retardataires ? Non, le retard dont on nous afflige n'a rien à voir avec la bienséance, car il s'agit d'un retard existentiel. Un retard sur l'actualité, sur les tendances, les technologies, le dernier scandale, le dernier tweet à l'origine du scandale, de la dernière petite phrase... Ce retard ne s'apprécie que par rapport à l'autre, aux autres, à leurs vies, à LA vie. Depuis la Renaissance le retard a mauvaise réputation, et est synonyme d'insuffisance, comme le théorise bien l'historien Laurent Vidal, qui y voit comme un repoussoir à la prétendue inéluctable marche du progrès.

À l'ère numérique, ce sentiment d'insuffisance est encore plus présent. Il est devenu moteur. Nous devons nous surpasser pour être toujours au fait de ce qui se passe dans le monde. Le syndrome de l'*anxiété du ratage*, de la *peur de manquer quelque chose*, le fameux FOMO[9], est devenu central. Ces angoisses existentielles s'entretiennent les unes les autres, et se nourrissent de notre peur d'une mort sociale. Cette anxiété sociale est si forte qu'elle nous pousse à faire corps avec nos appareils numériques, smartphones en tête, pour être certains de ne pas passer à côté de la vie et de ne pas rater la nôtre. Lorsque l'on est enfant ou adolescent, ce syndrome prend des proportions hors norme ; au point d'avoir dans certains cas des conséquences dramatiques sur leur moral et leur santé mentale.

Nous avons beau recevoir chaque semaine le rapport hebdomadaire de notre temps d'écran, être mieux informés sur les effets délétères de la lumière bleue qui émane des écrans, rien ne change, au contraire leur usage augmente.

Ce syndrome de dépendance est difficile à gérer et difficile à apprivoiser. Pour l'enfant, ce recul n'est pas possible, et encore moins lorsqu'il n'est qu'un bébé. De la naissance à 22 ans, le cerveau est en construction. Tout au long de cette période, notre matière cérébrale, en pleine maturation, est très sensible à son environnement. Une exposition trop précoce aux écrans peut entraîner des troubles du développement de l'enfant et des différentes phases d'apprentissage. L'omniprésence des outils numériques, souvent motivée par de bonnes intentions : accès à la connaissance, moyen de rester en permanence en contact avec son enfant... fait entrer les jeunes de plus en plus tôt dans le monde numérique sans protection, à l'âge où nous sommes censés leur prodiguer des conseils sur la vie, le comportement en société, le respect de l'autre, à l'école. À 9 ans, les enfants apprennent à s'exprimer oralement, à raconter un récit, l'orthographe, la géométrie, l'espace, le calcul mental, etc. C'est au menu de leur programme scolaire. L'étendue des connaissances à acquérir reste immense. À cet âge, nous ne sommes généralement pas enclins à laisser nos enfants sortir seuls ou à rester sans surveillance. Pourtant force est de constater, études à l'appui, que l'acquisition du premier smartphone ne s'accompagne jamais d'explications quant à son bon usage, ni même de l'installation d'un outil de contrôle parental permettant une utilisation raisonnée et raisonnable de cet outil. Cela revient donc à laisser seul son enfant sans surveillance. Le fait de pouvoir joindre son enfant où qu'il soit, de savoir où il se trouve à n'importe quel moment de la journée grâce à la géolocalisation intégrée ne signifie pas qu'il soit sous surveillance et qu'il ne soit pas en danger. Bien au contraire, puisqu'il est exposé sur Internet aux mêmes dangers que dans le monde réel : à des images inappropriées, à la violence, la pornographie, l'alcool, aux jeux d'argent, au vol de données, aux mauvaises rencontres allant du cyberharcèlement à l'agression.

La question du rapport que nous entretenons avec les écrans n'est pas nouvelle, le rapport qu'entretiennent avec eux les enfants et les adolescents l'est encore moins. On se souvient des débats passionnés autour de la télévision dès les années 1960, puis autour des jeux vidéo dans les années 1980. Plus tard c'est la relation des bébés et des écrans qui posa question, quand dans les années 2000, des chaînes destinées exclusivement aux très jeunes enfants virent le jour. Leur modèle était de « proposer aux bébés une fenêtre sur le monde ». Vaste programme ! Ces chaînes n'avaient finalement jamais pu émettre sur le sol français. Sollicité par le Conseil supérieur de l'audiovisuel (CSA) devenu depuis Autorité de régulation de la communication audiovisuelle et numérique (Arcom), à qui revenait la décision d'autoriser, ou non, l'émission de ces chaînes, le ministère de la Santé avait tranché en concluant qu'avant 3 ans, les enfants ne devaient pas être exposés à la télévision et aux écrans. À cet âge, ils devaient interagir avec le monde et les objets qui les entourent, échanger avec leurs parents, leurs frères et sœurs. Le message était clair, il fallait tout faire pour éviter que les bébés ne soient mis en mode passif devant un écran. Ce qui pouvait avoir des conséquences négatives pour leur développement, comme les troubles de l'attention, et un retard dans l'apprentissage scolaire. Cette décision n'avait donc pas permis à ces chaînes étrangères de réaliser leur projet. Devons-nous le regretter ? La question ne se pose pas vraiment, car ces chaînes existent aujourd'hui sur le Net et beaucoup d'enfants en bas âge y sont exposés de nombreuses heures par jour. Ce dossier avait eu le mérite de créer en 2008 la règle « pas de télévision avant 3 ans », devenue « pas d'écran avant 3 ans ».

Soixante ans plus tard, il ne s'agit plus uniquement de la télévision reine du salon ou de la console de jeux. Nous comptons six à sept écrans par foyer, pour des durées de visionnage quotidiennes de plus de trois heures en moyenne. L'évolution des technologies, s'ajoutant à l'évolution des usages des médias, a totalement révolutionné notre consommation audiovisuelle et numérique. Télévision sur tablette, sur mobile, sur multiécrans, réseaux sociaux, groupes dans les messageries instantanées... les écrans sont devenus mobiles, pour accompagner partout l'homme nomade que nous étions censés devenir. Censés, car nous n'avons finalement jamais été aussi sédentaires qu'aujourd'hui. Du fait de sa consommation familiale, la télévision avait la capacité de nous réunir et de nous rassembler ; aujourd'hui la démultiplication des écrans a favorisé un visionnage et une écoute de plus en plus solitaire et spécialisée. Terminé le programme familial, censé convenir à tous : aujourd'hui il existe un contenu pour chaque sous-groupe d'individus, nous consommons par affinités électives, des contenus dits « exclusifs » qui doivent nous donner l'illusion qu'ils ont été spécifiquement conçus pour nous. Une offre multiple, sur des écrans démultipliés, pour des téléspectateurs narcissiques évoluant dans une société fragmentée. Cette société *archipelisée*, décrite par le sondeur Jérôme Fourquet[10], est-elle le fruit de la polarisation des médias audiovisuels et numériques ? ou cette fragmentation incite-t-elle à la polarisation médiatique ? Les deux, mon général !

Nous sommes passés de la télévision nounou à l'écran doudou, indispensable extension de nous-mêmes. La surconsommation compulsive est-elle sans danger ? A-t-elle un impact sur le cerveau des plus jeunes et si oui dans quelle mesure ? Et l'impact sur nos sociétés, nos démocraties, notre vivre-ensemble ?

2

Jeux d'enfants ?

« *Don't get high on your own supply*[1]*!* » intimait Elvira Hancock, incarnée par Michelle Pfieffer, à son compagnon et protagoniste du film, le trafiquant de drogue Tony Montana, joué par Al Pacino, dans le génial *Scarface* de Brian de Palma. Ce conseil semble être celui que les dirigeants de la Silicon Valley s'appliquent à eux-mêmes depuis toujours. Le parallèle avec *Scarface* est volontairement excessif, mais le lien de dépendance que nous entretenons avec nos outils de communication numériques, même s'il ne s'agit pas forcément d'une accoutumance au sens médical du terme, se confirme de jour en jour.

L'Organisation mondiale de la santé (OMS) n'a d'ailleurs pas hésité, en 2018, à se prononcer sur la dépendance aux jeux vidéo, en inscrivant le trouble du jeu vidéo dans la classification internationale des maladies (CIM-11). Selon l'agence de santé des Nations unies, le trouble du jeu vidéo se caractérise « par une perte de contrôle sur le jeu, une priorité accrue accordée au jeu, au point que celui-ci prenne le pas sur d'autres centres d'intérêt et activités quotidiennes, et par la poursuite ou la pratique croissante du jeu en dépit de répercussions dommageables ».

L'OMS explique que cette décision a été sous-tendue par les analyses des données factuelles disponibles et procède d'un consensus d'experts dans des disciplines différentes, issus de régions géographiques diverses, qui ont participé aux consultations techniques tenues par l'OMS dans le cadre de l'élaboration de la CIM-11. « L'inclusion du trouble du jeu vidéo dans la CIM-11 fait suite à l'élaboration de programmes de traitement destinés à des patients souffrant d'affections présentant des caractéristiques identiques à celles du trouble du jeu vidéo, observées dans de nombreuses parties du monde, ce qui amènera les professionnels de la santé à porter une attention accrue sur les risques de développement de ce trouble et, partant, sur les mesures à prendre en matière de prévention et de traitement. »

Inutile de préciser que cette annonce de l'OMS a suscité des critiques assez vives au sein de la communauté scientifique et de la communauté du monde du jeu vidéo. Des chercheurs de l'institut Trimbos, des universités d'Oxford et Johns-Hopkins, de Stockholm et de Sydney n'ont pas hésité à publier une tribune pour faire part de leur émotion suite à cette prise de décision jugée trop hâtive[2].

Cependant, cette annonce a eu le mérite d'identifier une problématique mondiale qui concerne majoritairement les mineurs.

Les dirigeants et grands architectes du numérique conçoivent et vendent leurs technologies au monde entier, tout en interdisant à leurs propres enfants d'y toucher, étant de fervents adeptes pour eux-mêmes et pour leurs enfants de la philosophie *low-tech*. Voudraient-ils empêcher leurs enfants d'accéder à l'innovation, au savoir, au bonheur, à la promesse d'enrichissement personnel faite à la sortie de chaque nouveau produit ou de chaque nouvelle fonctionnalité ? Bien au contraire, pour les avoir conçus, ils connaissent parfaitement leurs produits, et savent pertinemment qu'une utilisation précoce et excessive serait néfaste à leur bon développement et à leur épanouissement.

Il faut se souvenir que les fondements de la Silicon Valley se trouvent dans la culture hippie. Si l'on dépasse le mouvement « *peace and love* », la fin des années 1960 marqua le début d'une période de protestation et de révolution aux États-Unis et particulièrement en Californie. Il fallait s'inscrire en rupture du carcan de l'Amérique industrialo-capitaliste dominant. Marches pour les droits civiques, manifestations pacifiques contre le conflit au Vietnam, la jeunesse californienne était en quête d'une nouvelle façon de vivre, libre et indépendante. Le désert californien a semblé être le décor idéal pour se réinventer.

Les notions de communautés, de technologies accessibles, inclusives, sont nées à ce moment-là dans les petites communes de Berkeley et de Palo Alto. Dans les années 1960, les ingénieurs et concepteurs informatiques confrontaient leurs propres inventions ; inventer un nouveau modèle social ne pouvait se faire sur les technologies existantes. Il fallait donc repenser intégralement les outils de l'époque.

Le Homebrew Computer Club était à son apogée. De 1975 à 1986, le petit club informatique de Menlo Park réunissait tout ce qui comptait de jeunes inventeurs en quête d'une nouvelle philosophie visant à éclairer la société et lui permettre d'accéder aux technologies. Tous venaient confronter leurs idées et leurs innovations au service d'un monde meilleur. Steve Wozniak et Steve Jobs furent des piliers de ce club et nous savons aujourd'hui que le Homebrew Computer Club n'est pas sans avoir influencé la création d'Apple. C'est d'ailleurs à cette époque que naît le débat sur la notion de logiciel libre suite à la lettre ouverte de Bill Gates adressée au club, dénonçant le vol de ses licences par les membres de l'association[3]. Le premier ordinateur personnel a été développé dans l'intérêt de la libération et de la liberté.

La Silicon Valley reste une terre de disruption, si on la compare à Wall Street. La contre-culture se situe sans doute dans ce que ceux qui conçoivent la technologie aujourd'hui en Californie sont favorables à une faible présence technologique dans leur vie, conscients que nous sommes devenus clairement trop dépendants de ces outils et que cela ne participe pas à notre épanouissement, et encore moins à celui de nos enfants.

Ces outils merveilleux ont changé nos vies. Et il serait absurde de vouloir revenir en arrière. Leur utilisation mérite cependant un cadre clair.

Steve Jobs a mis toute son énergie dans le développement de la technologie Wi-Fi lors de son retour chez Apple en 1997 après le rachat de NeXT. Grâce à son partenariat avec Lucent Technologies, créateur de la technologie « Airport », Steve Jobs n'a eu de cesse de prêcher pour le développement d'un ordinateur de la taille d'un livre, capable de nous suivre partout. En 1999 naît l'iBook, premier ordinateur à la technologie Wi-Fi intégrée. En 2007 l'iPhone est lancé, mais il manquait un trait d'union entre l'ordinateur et le téléphone intelligent. Cette lacune, nous ne l'éprouvions pas. Seuls Steve Jobs et les ingénieurs d'Apple l'avaient perçue pour nous. C'est donc naturellement, non sans efforts, qu'en 2010 Steve Jobs lança d'iPad. Ce fut la naissance de la tablette qui a le succès que nous connaissons et dont nous ne pouvons plus nous passer. Dès 2011, tous les fabricants se mirent à concevoir la leur, et finalement le besoin d'en acquérir une est devenu vital.

Malgré son investissement dans la création de cet outil devenu incontournable, Steve Jobs n'a jamais envisagé que ses enfants puissent y avoir accès. Quand un journaliste lui posa la question en 2011, il répondit calmement : « Ils n'en ont jamais utilisé. Nous limitons l'usage des technologies pour nos enfants à la maison. » Steve Jobs n'est pas le seul dans ce cas-là.

Evan Williams, fondateur de Blogger, Twitter et Medium, a toujours ouvertement dit préférer mettre un livre entre les mains de ses enfants plutôt qu'un écran.

Bill Gates, père fondateur de Microsoft, ne s'est jamais caché quant à lui de limiter l'accès de ses enfants aux technologies à la maison. Bill Gates dit avoir fortement restreint l'usage du smartphone dans sa famille : « On interdit les téléphones à table quand nous mangeons, nous n'avons pas donné de smartphones à nos enfants avant qu'ils aient eu 14 ans même s'ils se plaignaient que leurs amis en avaient déjà tous un. »

Sundar Pichai, le charismatique PDG de Google, a déclaré au *New York Times* dans une interview en 2018 que son fils alors âgé de 11 ans n'avait pas de téléphone portable et qu'il limitait le temps que ses enfants passaient à regarder la télévision.

Toutes ces éminentes personnalités de l'industrie numérique sont les mieux placées pour savoir que les outils technologiques n'ont pas été conçus pour favoriser le bien-être de l'enfant. Ils ont pour la plupart notamment été inventés pour nous adultes, dans le but de faciliter certaines tâches bureautiques, mais aussi pour faciliter notre accès à la culture de masse, allant jusqu'à nous recommander aujourd'hui des vidéos, des filtres, d'autres vidéos, pour monopoliser notre attention.

Les écoles prisées par les dirigeants de la Silicon Valley pour leurs enfants sont ouvertement *low-tech*, où la technologie est très peu présente. C'est un argument marketing que les écoles californiennes n'hésitent pas à mettre en avant désormais. C'est le cas notamment de la Waldorf School of The Peninsula à Mountain View, où la liste d'attente ne désemplit pas. Ces écoles utilisent des tableaux noirs et des crayons. Au lieu d'apprendre à coder sur écrans, ces écoles favorisent l'apprentissage des compétences non techniques de la coopération et du respect. À la Brightworks School de San Francisco, les enfants apprennent la créativité en construisant des objets et en suivant des cours dans des cabanes dans les arbres.

En revanche, les écoles publiques californiennes peu dotées ont augmenté leur utilisation de la technologie pour aider à résoudre les problèmes de pénurie d'enseignants. Les technologies permettent cela. Elles permettent aussi l'apprentissage personnalisé qui peut aider les jeunes à tirer le meilleur parti de leurs capacités. Beaucoup d'écoles dans le monde ont équipé leurs enfants d'iPad, on pense aux fameux « zipads » distribués aux collégiens de Corrèze en 2014, sur volonté du président du conseil général de l'époque François Hollande. Mais est-ce une bonne idée, lorsque l'on a le choix ? Les géants de la tech semblent penser le contraire.

Quand l'écran se cantonne à une dimension académique, cela peut être bénéfique, mais il faut bien entendu que cela soit encadré et que cela s'accompagne d'une certaine pédagogie. Or, force est de constater que le personnel enseignant, minoritairement natif du numérique, n'est pas ou peu formé à l'utilisation de ces technologies. Le confinement aura été très révélateur de ces disparités au sein du corps enseignant et des écoles. La distinction écran d'apprentissage / écran de divertissement doit être très claire, et avant toute chose la technologie doit être parfaitement maîtrisée par le professeur. Ce point peut sembler évident, mais le confinement a démontré combien le corps enseignant n'était pas uniformément à l'aise avec les technologies. Une formation devrait donc leur être systématiquement prodiguée dès leurs études, avec des mises à jour proposées régulièrement.

La majorité numérique se situe entre 13 ans et 16 ans en Europe. La Commission européenne ayant souhaité permettre aux pays de choisir l'âge qu'ils estimaient être le plus adapté. Le Parlement français a tranché pour 15 ans. C'est donc devenu l'âge légal auquel un mineur peut accéder aux réseaux sociaux, consentir seul à un traitement de données à caractère personnel. En France, sur la base d'études concrètes, le ministère de la Santé a défini qu'avant 3 ans, la télévision et plus largement les écrans étaient à proscrire. C'est le message que l'Arcom relaie depuis quinze ans. Dans ses toutes premières directives sur le temps d'écran, l'Organisation mondiale de la santé a tranché. Les enfants de moins de 5 ans devraient avoir un accès très limité aux écrans, et l'usage aux bébés de moins d'un an totalement proscrit.

L'agence de santé des Nations unies a déclaré que les enfants de moins de 5 ans ne devraient pas passer plus d'une heure à regarder des écrans chaque jour, et que s'ils pouvaient s'en passer cela serait encore mieux.

Les directives sont quelque peu similaires aux conseils de l'American Academy of Pediatrics. Ce groupe recommande aux enfants de moins de 18 mois d'éviter les écrans. Il demande aux parents de jeunes enfants de moins de 2 ans de ne choisir que des programmes à haute valeur éducative et que le visionnage doit se faire systématiquement accompagné d'un parent pour aider les enfants à comprendre ce qu'ils voient.

L'OMS et le ministère de la Santé ne détaillent pas de façon exhaustive les dommages causés par l'usage précoce des écrans. Mais les études en cours tendent à démontrer que ce n'est pas sans impact sur le plan cognitif. Les enfants exposés très tôt montrent des signes de retard lors de l'apprentissage de la lecture. Ils manifestent aussi des troubles de l'attention. Nous manquons de recul même si nous disposons de plus de données qu'il y a dix ans. Ces études permettent de faire le point régulièrement et le tri. Elles ont notamment pu totalement écarter la notion mise en avant par certains lanceurs d'alerte, comme « l'autisme virtuel », notion scientifiquement erronée.

Les recommandations relatives aux temps d'écran et aux contenus regardés par les enfants et les adolescents sont souvent corrélées à des prescriptions quant au sommeil, à l'activité physique, et à un régime alimentaire équilibré, pour notamment faire face à la sédentarisation des plus jeunes. L'inactivité physique est un facteur qui contribue à l'obésité. Nous y reviendrons.

3

Qu'en est-il de la santé mentale de nos enfants ?

La crise sanitaire et avec elle le confinement sont souvent pointés du doigt comme étant les grands responsables du stress, de l'anxiété et de la dépression éprouvés par les jeunes. Mais tout n'a pas commencé en 2020. La crise sanitaire n'a fait qu'accélérer et exacerber une tendance engagée il y a plus de dix ans. De nouvelles données de la société britannique YouGov révèlent que les jeunes nés après 1996, appelés milléniaux (*millenials*) ou génération Y[1], déclarent se sentir seuls beaucoup plus souvent que leurs aînés de la génération X[2] et des baby-boomers, la génération des personnes nées entre 1946 et 1964 : 30 % de ces jeunes déclarent se sentir toujours ou souvent seuls, contre seulement 20 % de la génération X. 30 % d'entre eux affirment ne pas avoir de meilleur ami, 27 % reconnaissent ne pas avoir d'amis proches et 20 % confient ne pas avoir d'ami du tout. Cependant, une majorité, 70 %, des milléniaux déclarent avoir au moins un meilleur ami. Près de la moitié, 49 %, disent avoir entre un et quatre « amis proches ».

Les recherches de YouGov pour cette enquête n'ont pas examiné les raisons de ce mal-être, mais des études antérieures indiquent que la place qu'occupent les réseaux sociaux et Internet dans leurs vies participe de ce résultat.

Une étude de l'université de Pennsylvanie a trouvé un lien entre l'utilisation des réseaux sociaux et la diminution de la sensation de bien-être. La psychologue Melissa G. Hunt à l'origine de l'étude n'a pas hésité à résumer le problème ainsi : « Une baisse de fréquentation des réseaux sociaux entraîne une diminution significative de la dépression et de la solitude. »

L'utilisation excessive des réseaux sociaux n'est peut-être qu'une des raisons pour lesquelles certains adolescents se sentent isolés ? Environ trois Américains sur dix (31 %) confient avoir du mal à se faire des amis. La raison la plus fréquente : la timidité (53 %). Une autre raison est le sentiment de ne pas avoir besoin d'amis, c'est le cas pour 27 % des Américains interrogés. Un nombre similaire déclarent ne pas avoir de passe-temps ou d'intérêts pouvant faciliter les amitiés.

Mais malgré ces obstacles perçus, des amitiés continuent de se forger. Plus de quatre Américains sur dix (42 %) déclarent s'être fait un nouvel ami au cours des six derniers mois. Même la génération la plus solitaire – la génération Y – s'en sort bien : 38 % se sont fait un nouvel ami au cours des six derniers mois.

La plupart des Américains déclarent s'être fait au moins un ami au travail (76 %) ou dans leur quartier (61 %). Plus de quatre sur 10 (44 %) se sont fait un ami par le biais de l'église ou d'autres communautés spirituelles, tandis que 38 % disent s'être fait au moins un ami de manière informelle – en engageant une conversation dans le parc ou dans un café ou autre scénario similaire. Un nombre identique d'Américains déclarent s'être fait des amis grâce à leurs enfants.

Six Américains sur dix (62 %) disent qu'ils sont toujours proches d'au moins un ami du lycée. Une majorité (54 %) sont toujours amis avec quelqu'un qu'ils connaissaient depuis l'enfance, et 34 % sont toujours amis avec quelqu'un qu'ils ont rencontré à l'université.

En 2011, les résultats d'une autre étude américaine concluaient que pour la première fois en plus de deux décennies, le suicide tuait plus d'adolescents que les homicides.

Il y a eu un changement dans la façon dont les adolescents socialisent. Le bavardage s'est transformé en un défilement silencieux sur les écrans des smartphones, ponctué par les notifications ou par les vibrations, lorsque les adolescents s'envoient des messages via leurs applications sociales. Le reflet bleuté des écrans éclaire plus souvent leurs visages que les rayons du soleil. Les constats sur les conséquences à long terme des réseaux sociaux et des smartphones sur la santé des adolescents sont mondiaux.

Les psychologues américains Jean Twenge et Jonathan Haidt ont pu constater que dans trente-six pays sur trente-sept, la solitude à l'école a augmenté depuis 2012 :

Ils ont regroupé les trente-sept pays en quatre régions géographiques et culturelles, et nous avons trouvé le même schéma dans tous les pays et régions : la solitude des adolescents était relativement stable entre 2000 et 2012, moins de 18 % d'entre eux déclarant des niveaux élevés de solitude. Mais au cours des six années qui ont suivi 2012, les taux ont augmenté de façon spectaculaire. Ils ont à peu près doublé en Europe, en Amérique latine et dans les pays anglophones, et ont augmenté d'environ 50 % dans les pays d'Asie.

Rendre les écrans et les réseaux sociaux responsables de la solitude des jeunes aurait été trop simpliste. C'est pourquoi les deux psychologues ont recherché des données sur de nombreuses tendances mondiales susceptibles d'avoir un impact, notamment la diminution de la taille de la famille, l'évolution du PIB, l'augmentation des inégalités de revenus et l'augmentation du chômage, ainsi qu'un accès accru aux smartphones et davantage d'heures d'Internet. « Les résultats étaient clairs : seuls l'accès aux smartphones et l'utilisation d'Internet ont augmenté en même temps que la solitude des adolescents. Les autres facteurs étaient indépendants ou inversement corrélés. »

Ces analyses ne prouvent pas que les smartphones et les réseaux sociaux sont les principales causes de l'augmentation de la solitude des adolescents, mais elles montrent que plusieurs autres causes sont moins plausibles. Le constat est donc clair. Les adolescents les plus exposés sont ceux qui sont en moins bonne santé, le résultat est d'ailleurs plus préoccupant chez les filles.

La spécialiste des médias Sherry Turkle a raison de vouloir « reconquérir la conversation[3] ». Elle s'est penchée sur la fuite de la conversation qui sape nos relations, notre créativité et notre productivité. Le retour en grâce de la conversation en face à face pourrait nous aider à regagner le terrain perdu selon elle.

Ce phénomène est bien antérieur à la crise sanitaire. Nous vivons dans un univers technologique dans lequel nous communiquons en permanence. Et pourtant, nous avons sacrifié la conversation pour une simple connexion. Dans la vie professionnelle, dans notre vie privée, en politique, en amour, tous les moyens sont bons pour contourner la conversation, tentés par les possibilités d'un SMS ou d'un e-mail dans lesquels nous n'aurons pas à nous révéler complètement.

La simple connexion nous permet de nombreuses échappatoires et il devient extrêmement difficile d'attirer l'attention de nos enfants, de nos collègues, de nos amis, à moins de les interpeller en ligne, et à condition de ne partager que des opinions avec lesquelles nos connexions, nos abonnés seront d'accord ; ce qui évite les vrais conflits et l'exposition en place publique. La plupart du temps, les jeunes qui souffrent de solitude pensent que la technologie pourrait les aider à résoudre ce problème.

La conversation est pourtant la pierre angulaire de la démocratie et de la société. Dans la sphère privée, cela renforce l'empathie, l'amitié, l'amour, l'apprentissage et la productivité. Nous avons besoin de dizaines de milliers d'interactions sociales pour devenir des adultes socialement compétents. Aujourd'hui ces interactions nous parviennent via nos smartphones, ce qui n'est bien évidemment pas suffisant.

La prévalence de la dépression chez les adolescents et les jeunes adultes a augmenté au cours des dernières années. Dans un contexte de crise de l'hôpital, où les traitements de santé mentale ont peu évolué, les tendances de la prévalence se traduisent par un nombre croissant de jeunes souffrant de dépressions non traitées. Les résultats appellent à des efforts renouvelés pour étendre la capacité des services afin de répondre au mieux aux besoins en soins de santé mentale de ce groupe d'âge.

Le suicide est la deuxième cause de décès chez les personnes âgées de 15 à 24 ans aux États-Unis. Près de 20 % des élèves du secondaire signalent de graves pensées suicidaires et 9 % ont tenté de se suicider, selon la National Alliance on Mental Illness. « Les adolescents et les jeunes adultes ont les taux de suicide les plus élevés par rapport aux autres âges, explique le Dr Fleisher de l'université de Californie à Los Angeles (UCLA). Ce qui les rend vulnérables, c'est leur situation sociale. » Aux États-Unis, depuis 2009, on compte une augmentation de 69 % d'admission en hôpital psychiatrique pour des faits d'automutilation chez les filles de 15 à 19 ans, et de 189 % chez les enfants de 10 à 14 ans. Le triple en treize ans. Pour les suicides, c'est identique. Chez les adolescents de 15 à 19 ans, 70 % d'augmentation comparé à la décennie précédente. Et pour les pré-ados de 10 à 14 ans, c'est + 151 %.

« *Are we plugged-in, connected, but alone?* » s'interroge Sherry Turkle, psychologue au MIT. Jean Twenge, éminente psychologue à l'université d'État de San Diego, considère que les smartphones et les réseaux sociaux ont une grande part de responsabilité dans ce constat. Elle résume les choses ainsi : « Alors que les adolescents ont commencé à passer moins de temps ensemble, ils sont devenus moins susceptibles de s'entretuer et plus susceptibles de se suicider. » Glaçant !

Dans une autre étude réalisée avec son collègue Jonathan Haidt, Jean Twenge va plus loin. Ils estiment que les dégâts ont un impact civilisationnel. C'est aussi le constat que pose le philosophe Éric Sadin qui insiste sur les effets délétères dans ses ouvrages.

Le smartphone a reconfiguré l'interaction humaine. Au fur et à mesure que leur utilisation s'est généralisée, ils ont transformé les relations entre pairs, les relations familiales et l'appréhension de la vie quotidienne dans le monde entier, y compris pour ceux qui ne possèdent pas de téléphone ou n'ont pas de compte sur les réseaux sociaux. Il est plus difficile d'engager une conversation informelle, dans les cours de récréation, à la cantine, au parc, que via une messagerie instantanée. Il est plus difficile d'avoir une conversation profonde lorsque chaque partie est interrompue par des « notifications » et des vibrations.

Aujourd'hui, les enfants, et les adolescents, dont le cerveau n'est pas arrivé à maturation, sont exposés à la puissance de processeurs qui n'ont jamais été aussi puissants de toute l'histoire des technologies. Ils sont exposés à la puissance des notifications, à la lumière bleue, à l'attractivité des couleurs vives, à des vibrations incessantes, et à des applications très envahissantes. Cette pression constante entraîne de nombreux troubles dont la dépression et l'anxiété, qui leur sont parfois fatales.

Rappelons cependant que le taux de suicide chez les jeunes Américains avait atteint un pic au début des années 1990, bien avant l'arrivée des smartphones, mais la prolifération des écrans, des réseaux sociaux qui a radicalement changé la façon dont nous interagissons, n'est pas étrangère aux constats inquiétants que nous faisons collectivement aujourd'hui.

Pourquoi ce sentiment de solitude est-il si présent, alors que les jeunes n'ont jamais autant été connectés les uns avec les autres qu'aujourd'hui ? Ces interactions numériques ne conduisent pas toujours, et même rarement, à une connexion réelle et entre les personnes. Cette connexion est souvent dénuée de sentiment, de proximité et de réconfort. C'est pour cela qu'elle est incomplète et procure rarement une impression de plénitude.

Les recherches récentes démontrent que les élèves de quatrième âgés de 13 à 14 ans qui utilisent fréquemment les réseaux sociaux augmentent leur risque de dépression de 27 % et que le risque est beaucoup plus faible pour ceux qui pratiquent une activité sportive ou des activités non numériques. Les adolescents qui passent trois heures par jour sur des appareils sont beaucoup plus susceptibles de montrer des tendances suicidaires ; elles peuvent notamment se manifester par une recherche Internet sur les moyens de se suicider. Un comble !

La solitude est un élément déclencheur central dans la détérioration de la santé mentale des jeunes. Contrairement au postulat initial, Internet ne nous a pas toujours rapprochés les uns des autres. La technologie a aussi contribué à nous isoler.

Les adolescents subissent une pression constante. Auparavant chacun vivait sa vie, on échangeait parfois des photos, mais finalement les moyens de comparaison sociale étaient limités. Comme le bronzage qui s'estompe, le récit d'un voyage lointain était par définition éphémère et celui qui ne pouvait pas partir en vacances pouvait imaginer à quoi ressemblait ce voyage, mais était assez vite rattrapé par son quotidien. Celui qui était parti en vacances aussi d'ailleurs.

Aujourd'hui ce n'est pas le cas. Nous sommes, et les jeunes en particulier, exposés sans cesse à ce voyage de rêve conté minute par minute via des photos, de vidéos, des *reels* postés sur les réseaux sociaux. Cette façon de documenter le quotidien en ne sélectionnant que le meilleur peut vite devenir insupportable pour le spectateur, *a fortiori* mineur, car il n'aura pas les moyens de faire la part des choses.

Auparavant, ne pas être invité à une boum un samedi soir ou à un anniversaire était triste, mais on pouvait vite se consoler, car le récit du lundi matin mis à part, la fête en question n'était pas inscrite dans les annales. Aujourd'hui, l'organisateur de la soirée postera en amont sur ses réseaux sociaux les photos de préparatifs, partagera la fête en temps réel, exposera au monde entier le bonheur des chanceux qui ont eu l'honneur d'être sélectionnés. Ceux qui étaient invités se vanteront sans réserve à grand renfort de *hashtags* plus outranciers les uns que les autres renvoyant l'autre à sa « vie misérable » : #ILoveMyLife #MyFriendsAreBetterThanYours... Aucun moyen d'échapper à cette fête à laquelle nous n'étions pas conviés. Les souvenirs sont ainsi conservés, et la fête au lieu de disparaître pourra se rappeler à vous sans cesse et à jamais. C'est cette pression que vivent les jeunes aujourd'hui.

Suivre la vie épanouie d'un(e) ex sur les réseaux sociaux est assez insupportable, surtout lorsque l'on n'est pas à l'origine de la séparation. Et quand bien même on aurait pris soin de couper tous les liens, la vie épanouie de l'ex ressurgit régulièrement par le biais de tiers qui continuent à avoir accès au profil de cet amour perdu. Ces situations sont difficilement supportables pour les adultes, alors imaginons ce que cela peut provoquer au moment des premières amours de nos enfants.

Dans les années 1990, il était impossible d'échapper aux couvertures de magazines qui vous renvoyaient une image de la femme idéale incarnée par ce que l'on appelait alors les top-modèles. 90-60-90 n'était pas le numéro de téléphone où l'on pouvait les joindre, mais leurs mensurations. Ces chiffres qui incarnaient la perfection étaient scandés comme des slogans pour faire comprendre aux femmes qui ne mesuraient pas plus d'un mètre soixante-quinze et dont les mensurations excédaient 90-60-90 qu'elles n'étaient pas dignes d'exister. Mais une fois le magazine refermé, il était cependant possible, même si la pression était très forte, de se réconforter en se disant que tout cela était réalisé avec beaucoup de trucages. La mention « photographie retouchée » est depuis devenue obligatoire.

De nos jours, aucune échappatoire possible, dans les émissions de télé-réalité, sur les réseaux sociaux, le royaume du filtre, les jeunes sont exposés sans cesse à une vision supposément parfaite de ce à quoi il faudrait ressembler. S'ajoutant à cela l'angoisse d'être victime de *body shaming* : le blâme subi en raison de son corps, jugé trop gros, trop maigre, trop musclé, ou non valide, etc.

Depuis quelques années, l'industrie de la mode mise sur une diversité et une inclusion apparentes. La mode célèbre le corps sous toutes ses formes. Après des années à promouvoir une extrême minceur, l'industrie de la mode célèbre aujourd'hui ce qu'elle rejetait hier : les bourrelets, le handicap, les rides, les cheveux blancs, les carnations et textures de cheveux différentes, etc.

Cette tendance marketing plus ou moins sincère selon les annonceurs a un effet pervers, elle intime aux femmes de s'accepter telles qu'elles sont. Ce qui ajoute une pression supplémentaire, tout aussi forte que celle d'entrer dans le canon de beauté d'hier, qui est de s'accepter tel que l'on est. Cela renvoie donc celles et ceux qui n'auraient pas la force mentale d'assumer leur poids, leur âge, à la case départ et dans la communauté des « faibles ».

Pour faire face à ces situations de pression extrême qui peuvent aller jusqu'au harcèlement, certains adolescents manquent d'un exutoire sain. Leur cerveau n'est pas encore armé pour résister à une telle pression. Ils sont donc dans l'incapacité de trouver les ressources intérieures nécessaires pour relativiser et ne pas sombrer. Le sentiment de dépréciation est parfois si fort que la majorité souffre en silence jusqu'à ce que la douleur psychique soit trop forte, et qu'ils craquent. Nous avons tous en mémoire la campagne de harcèlement qui démarra en ligne, à la rentrée scolaire 2021, contre les élèves de 6e nés en 2010. Le mot-dièse #Anti2010 appelait sur tous les réseaux sociaux à s'en prendre aux enfants nés cette année-là et, plus généralement, aux élèves de 6e. Le tort de ces enfants ? S'être aventurés sur *Fortnite*, jeu auquel ils n'étaient pas censés jouer du fait de leur âge. *Fortnite* est classé comme « Teen » aux États-Unis (plus de 13 ans) et PEGI 12 en Europe. Les joueurs plus âgés ont considéré que leur présence et leur méconnaissance des règles venaient polluer le bon fonctionnement de la plateforme. Cette campagne de cyber haine de grande ampleur s'est aussi invitée dans les cours des collèges et au sein des fratries, se manifestant par de nombreuses agressions. Les associations de parents d'élèves se sont mobilisées. Jean-Michel Blanquer, le ministre de l'Éducation nationale de l'époque, avait publié un appel à la fraternité sur Twitter, sous la forme d'une vidéo, assorti du *hashtag* #BienvenueAux2010. Il nous avait également convoqué à une réunion d'urgence au ministère, en présence des responsables des plateformes. Cet épisode n'est pas sans avoir laissé des séquelles chez les jeunes pour qui le passage en 6e était, déjà, une épreuve importante à surmonter.

L'adolescence est un passage difficile. Plus encore pour les filles pour qui les effets de la comparaison sociale sont encore plus délétères, comme le décrit très bien la psychologue clinicienne, fondatrice d'e-Enfance, Béatrice Copper-Royer. Au grand déséspoir de Patrice Huerre, la notion de pré-adolescence accélère à tort la fin de l'enfance. On ne laisse même plus le temps à l'enfance.

Nous avons mis du temps à prendre en compte la pression mentale subie par les adolescents. Il faut dire que depuis le début du XXe siècle, l'adolescent est affublé de nombreuses tares. Il est considéré comme « un criminel en puissance » selon Patrice Huerre. La violence dirigée à l'endroit des jeunes est très forte, surtout au moment de l'arrivée dans la vie sociale et professionnelle. La société a toujours eu besoin d'un groupe d'âge amortisseur. L'adolescent est très mal supporté par les adultes, surtout en période de difficulté économique et de paix. Il est *a contrario* bien mieux apprécié en temps de bonne santé économique et/ou en temps de guerre. C'est une main-d'œuvre bon marché et de la bonne chair à canon docile. Pourquoi ce groupe d'âge a-t-il toujours été à la fois objet de fascination et de répulsion ? L'adolescence est menaçante parce qu'elle correspond à l'émergence des pulsions sexuelles et agressives sous une forme nouvelle. Elles existent déjà chez l'enfant, mais l'adolescent est en mesure de les réaliser, il devient donc, à nos yeux d'adultes, dangereux, rebelle et indomptable. L'adolescent est perçu comme un être infréquentable à fuir, c'est aussi pour cela que nous avons tant de difficulté à percevoir et à comprendre son mal-être.

L'arroseur arrosé, c'est ainsi que l'on pourrait parler de l'influenceur qui nous vante minute par minute sa vie de rêve, avec parfois le soutien de sponsors et des filtres embelliseurs ; et qui soudain sous l'immense pression de devoir nourrir ses abonnés se retrouve pris au piège de devoir être parfait constamment, même quand les choses ne vont pas. Le nombre d'influenceurs qui sombrent est de plus en plus important. Sachant que le nombre de victimes d'arnaques d'influenceurs sans scrupule est en constante augmentation.

Aux États-Unis, la génération Z[4] est la première génération à avoir eu accès aux réseaux sociaux à partir du collège. Les études montrent que, malgré sa bonne maitrise des outils de communication numérique, elle n'est pas très à l'aise avec. Mais c'est aussi une génération plus fragile, plus anxieuse et plus sujette à la dépression. Une génération moins encline à prendre des risques, moins encline à socialiser dans le réel et à s'impliquer physiquement. C'est un vrai changement générationnel auquel nous devrions être plus attentifs.

4

La tyrannie de l'image de soi

Auparavant, pour être heureux, il fallait vivre caché. Il fallait faire preuve de pudeur, de discrétion, pour que notre société soit harmonieuse. Ce qui relevait du privé, de l'intimité, le restait. Nos opinions politiques, notre religion, nos sentiments, les lieux que nous fréquentions, ce que nous mangions, notre corps, notre maison... Nous veillions aussi à ne pas exposer nos enfants pour lesquels nous consentions souvent avec beaucoup de réticence un droit à l'image en cas d'utilisation des photos dans le cadre scolaire et périscolaire. La participation des enfants à des publicités était très encadrée, elle l'est toujours d'ailleurs. Mais aujourd'hui tout est inversé. La pudeur et la discrétion trépassent lentement. Tout doit être montré, partagé, commenté, aimé... jusqu'à son intimité la plus stricte. Ce qui n'est pas exposé n'existe pas.

On se souvient des critiques atterrées lors de la diffusion du premier épisode de *Keeping Up With the Kardashians* (« L'incroyable Famille Kardashian ») en 2007 sur la chaîne américaine E! Entertainement. Une sorte de *Truman Show* où les protagonistes étaient conscientes et consentantes. Au cœur de l'intrigue, la diffusion d'une sex-tape, qui rendit les protagonistes

Kim Kardashian et Ray J instantanément célèbres. Cette émission décriée nous faisait entrer au cœur de l'*American Dream*, à savoir la vie intime de cette famille américaine hors normes, et les intrigues basées sur l'amour, la gloire et le scandale. Cette intimité observée au microscope et avec effets de loupe était considérée alors comme obscène. Comment cette famille pouvait-elle accepter de se mettre ainsi en scène quinze années durant ? Un phénomène américain disaient certains... mais force est de constater qu'aujourd'hui, à des degrés divers, nous sommes tous devenus les protagonistes d'une télé-réalité qui s'expose sans vergogne sous toutes les coutures... sans même, contrairement à la famille Kardashian, se faire rémunérer pour cela.

Kim Kardashian est devenue l'emblème de la culture populaire, passant du statut de starlette *trash* de télé-réalité à celui d'icône doublée d'une femme d'affaires très puissante. Tous les couturiers, toutes les marques se l'arrachent, car avec ses plus de 333 millions d'abonnés sur Instagram (c'est plus que la population américaine), 75 millions sur Twitter, plus de 35 millions sur Facebook, etc., elle est devenue le panneau publicitaire le plus visible du monde. Elle a même le pouvoir de faire évoluer les fonctionnalités des plateformes. On se souvient que sa désapprobation publique des nouvelles fonctionnalités d'Instagram à l'été 2022 avait fait faire machine arrière à ses dirigeants.

Nous voyons fleurir sur la toile, et en particulier sur TikTok dont la majorité des utilisateurs a moins de 15 ans contrairement à ce qu'exige la loi, des comptes de jeunes filles de plus en plus jeunes, clones de Kim Kardashian et de ses sœurs. Toutes vêtues de « crop-top », de vêtements moulants et exhibant un maquillage sophistiqué voire outrancier, ces écolières et ces collégiennes se mettent en scène de façon suggestive en reproduisant ce qu'elles voient sur ce réseau social sans avoir conscience qu'elles deviennent la proie d'utilisateurs adultes qui suivent à la trace leurs moindres faits et gestes. La réalisatrice Maïmouna Doucouré en a d'ailleurs fait un long-métrage, *Mignonnes*, en 2020. Leur narcissisme naissant, et sans filtre, est encouragé par des commentaires élogieux relatifs à leurs silhouettes, émanant d'ailleurs souvent d'utilisateurs adultes. Pour certains, c'est d'ailleurs une nouvelle forme de peep-show. Mais au-delà des prédateurs sexuels, ces jeunes utilisatrices s'exposent aussi à du cyberharcèlement et à des commentaires d'une extrême violence. Ce qui n'est bien évidemment pas sans conséquence sur leur développement et leur épanouissement.

TikTok, réseau social détenu par le géant chinois ByteDance, est l'application qui aujourd'hui pose le plus question concernant son utilisation par les mineurs. Avec plus de deux milliards d'utilisateurs actifs mensuels, elle est plébiscitée par les jeunes dès la primaire : 47 % des utilisateurs ont entre 9 et 29 ans. Dans le monde, les enfants de 4 à 15 ans passent de 75 à 100 minutes par jour à regarder des vidéos sur cette plateforme. Interdit dans certains États aux États-Unis, la demande est forte de la part de nombreux élus américains, Donald Trump le premier, lorsqu'il était président, pour le faire interdire plus largement sur tout le territoire américain. Les gouvernements et les institutions européens réfléchissent également à en restreindre l'accès, soupçonnant l'application d'être utilisée par la Chine pour espionner ses utilisateurs. Il faut dire que les raisons de s'inquiéter sont réelles.

La version chinoise de TikTok n'a rien à voir avec sa version internationale, celle disponible en France. En Chine, TikTok participe à l'éducation des enfants, en leur proposant des contenus éducatifs et en limitant leur temps d'écran à 40 minutes quotidiennes, grâce à une minuterie intégrée. Une version enrichissante pour les uns et une version abrutissante pour les autres ? Et les conséquences sont très parlantes. Des études démontrent que les jeunes utilisateurs chinois du réseau social rêvent de devenir astronautes alors que dans le reste du monde, vous noterez que les jeunes utilisateurs de ce réseau se rêvent en influenceurs.

Les tentatives de faire entrer TikTok dans le champ des régulations des pays dans lesquels il opère ne se sont pas avérées probantes. En France, force est de constater que le réseau social a fait du contournement des lois en vigueur un art. Réponses approximatives renvoyées au questionnaire adressé par l'Arcom en matière de lutte contre la désinformation, refus dans un premier temps de signer la charte qui encadre l'exploitation de l'image des mineurs en ligne, non-respect des règles en matière de protection des données personnelles, de la propriété intellectuelle et de financement de la création, soupçons d'espionnage… la liste commence à être longue !

Emmanuel Macron n'a d'ailleurs pas hésité, lors d'une allocation publique fin 2022 devant des adolescents, à clairement dire que TikTok hébergeait sur son réseau social de la propagande cachée en faveur de la Russie dans le cadre de la guerre en Ukraine, en défiant aussi son auditoire de trouver « un contenu sur ce qu'il se passe au Xinjiang ou autre », faisant là aussi clairement référence à la répression des Ouïgours. Pour faire oublier cela, TikTok est devenu le partenaire de nombreux événements culturels et sportifs d'envergure.

L'application a dépassé la popularité de Google et de Facebook en 2021 et a atteint près de 2 milliards d'utilisateurs, soit la plupart enfants ou adolescents. 100 millions d'utilisateurs aux États-Unis, près de 10 millions en France. C'est la raison pour laquelle le réseau a opéré une mue et tente de devenir la plateforme sur laquelle vont venir se ravitailler les enfants et les adolescents, se situant en concurrent direct du géant Amazon. Acheter des livres, ou les produits vantés par les influenceurs, en un clic est désormais possible.

Sur TikTok, il suffit de se connecter pour recevoir du contenu en continu, alors que sur les autres réseaux sociaux, il faut fournir un petit effort pour accéder à ce qui s'y partage. Le flot de vidéos ininterrompu arrive instantanément. Et les annonceurs, privés ou publics, ont bien compris l'intérêt de leur présence.

TikTok est devenu le réseau le plus prescripteur. Faiseur de tubes, de stars, l'algorithme est devenu déterminant dans la carrière de certains artistes. TikTok est désormais le moteur de recherche plébiscité par les jeunes passant ainsi devant YouTube et Google. 30 % des utilisateurs de réseaux ou médias sociaux de la génération Z préfèrent utiliser TikTok pour la recherche de produits de consommation.

L'exposition des photos de nos enfants était auparavant réservée aux albums photos familiaux, et au plus strict cercle familial. Elle est désormais partout sur le Web ! Avant même leur naissance parfois, avec le partage de photos d'examens échographiques, dès leur plus jeune âge, parfois nus, dans leur bain, dans l'intimité de la salle de bains, de leur chambre, sans avoir conscience que l'on expose les plus jeunes aux pires prédations. Allant des prédateurs sexuels aux prédateurs de données qui les exploiteront ensuite commercialement. Étrange, cette façon de considérer que dans la vie on ne souhaite pas exposer ses enfants, alors que sur les réseaux sociaux tout serait autorisé et permis. Cette exhibition parfois obscène de nos progénitures est révélatrice d'un mal profond, un peu comme certains parents qui vont jusqu'à sexualiser leurs enfants pour remporter un concours de beauté.

Le scandale que provoqua la campagne de communication de Balenciaga mettant en scène des enfants fin 2022 avec des références clairement pédophiles est intéressant, notamment car beaucoup de ceux qui ont à raison fustigé ces publicités exposent leurs propres enfants aux pires prédations.

Compte privé ou public, une fois postés, les contenus ne nous appartiennent plus et peuvent se retrouver entre les mains de n'importe qui et être exploités par la plateforme qui les détient, et par toutes les entreprises partenaires de cette plateforme. Avons-nous conscience que nous créons à travers cela une identité numérique aux enfants concernés sans leur consentement ? En les exposant à des risques avérés, pour souvent nourrir son propre narcissisme ? Pour prouver au monde entier que nos enfants sont les plus beaux, et les plus intelligents, et, à travers eux, que nous sommes des parents exceptionnels à la tête d'une famille parfaite ?

C'est sans compter les conséquences ensuite pour l'image de l'enfant. Les employeurs n'ont rien à envier aux détectives privés lorsqu'ils se lancent dans le recrutement d'un candidat. Ils passent en revue tous ses comptes et ceux de ses connexions sur les réseaux sociaux, les photos, les lieux tagués, etc., pour tenter de mieux cerner les candidats. Le CV et les entretiens d'embauche ne suffisent plus à rassurer un dirigeant du choix du bon candidat. Privés ou publics, les comptes de nos réseaux sociaux sont passés au crible. De nombreux candidats se sont vus refuser l'accès à un poste pour des tweets, ou des photos/vidéos jugés compromettants par l'employeur. Forts de ces arguments, plusieurs jeunes devenus adultes assignent leurs parents en justice pour avoir, sans leur autorisation, rendue publique leur vie, y compris dans ce qu'elle a de plus intime, lorsqu'ils étaient de jeunes enfants, estimant que cette exposition excessive leur porte préjudice dans leur vie d'adulte, dans leur vie amoureuse ou professionnelle. Il est donc fort compréhensible que la justice leur donne gain de cause.

Ce qui interroge, c'est notre capacité à fournir de notre plein gré des informations, des renseignements sur notre vie privée et sur celle de nos enfants, que l'on se refuserait, à raison, à donner à un inconnu que l'on croiserait dans la rue. Il s'agit parfois d'informations que l'administration n'a pas le droit de nous demander ou de collecter. Pourtant c'est ce que nous faisons chaque jour en publiant des milliers d'informations sur nous-mêmes, sur nos enfants sur les réseaux sociaux.

Avons-nous déjà vu Mark Zuckerberg et les géants de la tech publier des photos de leur progéniture ? Le concepteur de Facebook, devenu Meta, a trop conscience des enjeux pour se laisser aller à cela.

Ce qui interpelle, c'est la distinction qui est faite par la plupart des internautes entre la vie dite réelle et la vie numérique. Il s'agit pourtant de la même chose. Les lois s'appliquent de la même manière sur le numérique. Le devoir de protection que nous avons vis-à-vis de nos enfants ne disparaît pas avec le numérique.

Cette protection aussi s'applique pour les objets que nous leur mettons entre les mains. Dans un premier temps, on éloigne ses enfants des dangers ; du danger de la cuisinière afin d'éviter qu'ils ne se brûlent, on leur apprend à traverser la rue, à respecter la signalisation, à être polis, courtois, respectueux des autres, à ne pas parler aux personnes qu'ils ne connaissent pas, à bien se nourrir en équilibrant leurs repas, plus tard à se protéger lors des premières relations sexuelles, à conduire prudemment, à modérer leur consommation d'alcool à partir de 18 ans, à la proscrire avant de prendre le volant, à alerter sur les dangers des stupéfiants... À chaque étape de la vie d'un enfant, nous prodiguons des conseils pour éviter qu'ils ne se mettent en danger. Mais bizarrement le numérique échappe à tout cela. Il y a une sorte de course à une exposition numérique la plus précoce possible sans qu'aucun conseil soit donné à l'enfant lors de la remise d'appareils numériques : smartphones, tablettes, consoles, ordinateurs... Nous partons du postulat que ces outils sont forcément bénéfiques et qu'ils ne peuvent qu'améliorer la vie de nos enfants, décupler leur intelligence, renforcer leur sécurité et leur permettre d'avoir la vie sociale la plus épanouie possible. Mais il n'en est rien. Une utilisation non raisonnée s'avère catastrophique.

De nombreux parents cèdent à la tentation du portable de plus en plus tôt, 9 ans pour le premier smartphone, en invoquant le souhait que leur enfant ne soit pas exclu[1]. Exclu du groupe, exclu de la boucle d'e-mails, de la boucle de telle ou telle messagerie. Cela démontre combien une fois encore c'est l'image de soi, la peur de passer à côté de quelque chose qui prime. Et combien nous perdons tout sens commun.

Un nombre significatif d'enfants en sont équipés dès l'entrée au primaire.

C'est compréhensible de vouloir savoir où son enfant se trouve lorsqu'il s'émancipe, commence à aller à l'école ou à des activités seul. Cette connexion permanente est rassurante. C'est compréhensible lorsque l'on exerce un travail prenant qui ne nous permet en aucun cas d'être à 16 h 30 à la sortie de l'école, et que nous ne sommes pas secondés par une nourrice, un parent, de pouvoir rester en contact avec son enfant. Ces premières séparations se compensent par l'acquisition d'un smartphone qui permet de garder un lien permanent alimenté par des SMS ou des appels, auxquels l'enfant doit répondre dans les délais les plus brefs pour ne pas angoisser les parents.

Mais souvent cette sécurité de façade masque un risque plus grand. Aujourd'hui être joignable partout et à n'importe quel moment est devenu la norme, y compris à l'école, alors que l'usage des téléphones y est strictement interdit.

Je le redis ici : il n'y a pas de distinction entre la vie numérique et la vie réelle. Les deux ne font qu'un. C'est ainsi que le perçoit la loi. Lorsque l'on insulte, harcèle, appelle à la discrimination, à la haine, à la violence une personne sur le Net, en cas de plainte, il s'agira toujours d'infraction pénale, et cela vaut aussi lorsque l'on est mineur et dans ce cas ce sont les parents que devront assumer les infractions commises par leurs enfants. L'anonymat ne protège pas. Les forces de l'ordre et la justice si elle est saisie se feront remettre par la plateforme les coordonnées de la personne qui détient, le compte, le numéro de téléphone, l'adresse IP, le nom et l'adresse de la personne en cause.

5

La comparaison sociale

Comparaison n'est pas raison, sauf sur les réseaux sociaux. C'est bien connu, l'herbe est plus verte ailleurs. L'envie est un sentiment très présent chez les utilisateurs des réseaux sociaux. Mais pour quelle raison ? L'envie est un sentiment silencieux et d'apparence moins dévorant que le désir et la jalousie et peut parfois être moteur. C'est un sentiment bien connu de tous, en effet, et à moins d'avoir atteint un niveau de sagesse et de détachement très élevé, nous convoitons tous quelque chose ou quelqu'un. C'est humain. À l'épreuve des réseaux sociaux, ce sentiment s'est aujourd'hui exacerbé. Le Web 3.0 plus social était une jolie promesse. Vouloir faire en sorte que les êtres humains puissent se rapprocher de leur prochain, indépendamment des distances et des cultures. Échanger et interagir plus les uns avec les autres, découvrir des personnes différentes pour mieux se comprendre et se nourrir d'elles, quel que soit le lieu où l'on se trouve.

Mais cette sociabilité débridée, encouragée et dictée par des algorithmes conçus pour capter notre attention au maximum, pour générer plus de revenus, a fait de l'envie un moteur. Encombrant et polluant, ce moteur poussé à l'extrême peut aller jusqu'à la détestation de soi chez les jeunes. La manipulation, le conditionnement de nos envies ne sont pas nouveaux. La publicité depuis longtemps conditionne nos envies, nos besoins, nos désirs, avec la promesse d'un style de vie très attrayant. Elle les oriente vers l'acquisition de biens censés nous rendre heureux. Mais aujourd'hui, l'envie a un impact déplorable sur nos interactions sociales et plus particulièrement celles des jeunes qui sont en construction de leur être.

L'envie ne se suffit pas à elle-même. Elle ne se contente pas de convoiter ce que possède l'autre ou ce qu'incarne l'autre. Elle s'accompagne souvent d'une envie de destruction et de mort, en aspirant au malheur de celui ou de celle dont elle est l'objet.

De l'envie à la haine, il n'y a que deux pas : le ressentiment et la jalousie. De là peut naître le harcèlement.

Étrangère à la nécessité et au besoin, l'envie est insatiable ; une fois comblée elle est rarement source de plaisir et de satisfaction. Une autre envie se substitue souvent très rapidement. Surtout quand cette envie est poussée par un algorithme, car la réalisation de l'envie est en réalité erronée. L'envie nous donne mauvaise conscience car nous savons ce qu'elle provoque en nous. C'est pourquoi nous la repoussons tant bien que mal, et avec elle les envieux. Mais avec les réseaux sociaux, il est de plus en plus difficile de repousser l'envie et les envieux qui s'y expriment très bruyamment et parfois violemment.

La supersocialisation pousse au repli sur soi et à la perception négative de soi. Nous nous mettons à détester ce que nous sommes puisque nous ne parvenons pas à assouvir nos envies. Alors on s'en veut de ne pas occuper la place que l'on imagine être la nôtre sur la

Toile et, par extension, dans la société, exigeant notre quart d'heure de célébrité, une communauté d'abonnés ou de *followers* la plus importante possible, nous nous apitoyons alors sur notre sort en tenant pour coupables les proches de ne pas nous avoir aidés à occuper cette place qui nous serait due mais que l'on n'aurait pas su prendre.

Les outils technologiques n'ont pas été conçus pour les enfants et les adolescents, par conséquent, une utilisation non maîtrisée ne peut leur être favorable.

Ces outils monopolisent notre attention et la leur. Les réseaux sociaux consommés à l'extrême s'immiscent au plus profond du cerveau de l'enfant jusqu'à modifier son estime de lui et son identité. La notion de perfection est faussée. Nous sommes récompensés dans le court terme par des « j'aime », des pouces levés... Ce qui vient se percuter de plein fouet avec les valeurs de sincérité. Nous n'avons pas été conçus pour être bombardés de notifications, de sollicitations sociales toutes les minutes, qui nous maintiennent sous pression. Cette insincérité encouragée par les algorithmes accroît le sentiment de vide et de mal-être de nos sociétés. Nous sommes loin de cette promesse d'un monde meilleur où l'homme serait affranchi de toute servitude. C'est en cela que je parle d'un réel désenchantement.

6

Faut-il avoir peur du métavers ?

Le métavers a fait entrer le Web au niveau 4.0. Le Web 1.0 fut l'âge de l'accès. Il fait référence à la première étape de l'évolution du World Wide Web, de 1994 à 2004, quand nos ordinateurs émettaient des sons stridents au moment de la connexion à une ligne téléphonique. Auparavant, il n'y avait que quelques créateurs avec une grande majorité d'utilisateurs consommateurs qui consommaient ces contenus. Les utilisateurs étaient majoritairement des chercheurs qui échangeaient leurs travaux.

Afin de permettre au Web de se démocratiser et de se rendre accessible aux personnes pour qui le langage de la programmation est étranger, sont apparus, à la fin de cette période, les scripts, PHP (*Hypertext Preprocessor*) conçus pour permettre la création de pages personnelles. L'idée que tout le monde puisse générer du contenu est au cœur de la philosophie du Web 1.0, c'est ce qui explique ce souhait permanent de le rendre accessible. À cette époque, les publicités étaient interdites. C'était le paradis !

Puis vint le Web 2.0 aussi appelé le Web social participatif. Il fait référence aux sites Web mondiaux qui mirent en évidence le contenu généré par l'utilisateur. Convivialité et interopérabilité pour les utilisateurs finaux sont les maîtres mots du Web 2.0, c'est à cette époque que sont apparus les différents outils : *podcasting*, *blogging*, *tagging*, *curating with RSS*, *social bookmarking*, *social networking*, *social media*, et *Web content voting*. MySpace et Facebook en sont l'illustration. Ces réseaux sociaux stimulèrent les connexions pour accroître la création et la consommation de contenu. L'ère des médias sociaux et non plus des réseaux sociaux, qui intervint avec le Web 3.0, ne cherche qu'à favoriser la circulation du contenu, la connexion étant devenue accessoire.

Le Web 3.0 est le grand organisateur d'Internet, toujours avec pour philosophie de rendre cette plateforme plus intelligible et inclusive. Il a en effet été considéré comme nécessaire d'organiser la masse d'informations et de documents disponibles, en fonction du contexte et des besoins de chaque utilisateur, en tenant compte de sa localisation, de ses préférences, du maximum d'information le concernant. Le Web 3.0 a donné du sens aux données. Le Web sémantique promet d'organiser « l'information du monde » d'une manière plus élaborée que ce que Google ne pourra jamais faire dans son schéma actuel. La notion de Web sémantique, associée au Web 3.0, est imaginée par Tim Berners-Lee, le même génial Tim Berners-Lee inventeur du World Wide Web. Il peut démontrer des choses en rendant le Web lisible par les machines, pas uniquement par l'être humain.

Le Web 3.0 a intégré la technologie DLT (la blockchain de la technologie en est un exemple). Les données peuvent aider à créer des contrats intelligents en fonction des besoins de l'individu. Elles ne sont pas détenues, mais partagées. Les données y sont toujours identiques même si les services affichent différentes vues pour le même site Web en fonction de chaque utilisateur.

Cela est particulièrement vrai du point de vue de la conception de la machine par opposition à la compréhension humaine. Le Web sémantique nécessite l'utilisation d'un langage ontologique déclaratif comme OWL pour produire des ontologies spécifiques à un domaine que les machines peuvent utiliser pour raisonner sur des informations et tirer de nouvelles conclusions, pas simplement pour faire correspondre des mots-clés. L'application ChatGPT, créée par l'entreprise OpenAI, ou encore Midjourney, DALL-E en sont aujourd'hui la parfaite illustration. ChatGPT a fait passer l'agent conversationnel à un niveau supérieur, Midjourney et DALL-E les générateurs d'images et d'œuvres d'art à base de mots dans une autre dimension.

L'ère du Web 3.0 est symbolisée par l'avènement de l'iPhone, des applications, de la création de la recommandation. Avec aussi l'invention de Siri, notre nouveau guide algorithmique et spirituel, des enceintes connectées assistantes de la marchandisation de la vie.

Évoqué par certains comme le Web intelligent, le métavers effraie autant qu'il fascine, puisqu'il vise à nous immerger dans un environnement de plus en plus prégnant. Il pousse à son paroxysme la voie de la personnalisation ouverte par le Web 3.0, mais il pose par la même occasion de nombreuses questions quant à la protection de la vie privée et du contrôle des données. C'est un terrain d'expérimentation où nous ne sommes pas tous prêts à nous aventurer ! Certains n'y voyant d'ailleurs qu'une lubie absurde et passagère.

Depuis sa création, Internet est de plus en plus convivial. Le Web 4.0 est la promesse du futur, d'un Internet détaché des interfaces tactiles, et des commandes vocales. Nos propres pensées nécessitent encore des efforts considérables pour être traduites numériquement. Elles sont limitées par la vitesse à laquelle nous pianotons sur un clavier d'ordinateur et par la vitesse par laquelle notre pensée devient une phrase. Le prochain grand saut devrait donc réduire le fossé entre l'ordinateur et l'esprit. Une prédiction audacieuse du Web 4.0 pourrait être décrite comme le « Web symbiotique », l'homme et la machine ne feraient plus qu'un. À ce stade du futur, l'intelligence artificielle (l'IA) serait suffisamment avancée pour interpréter nos propres pensées afin de naviguer avec succès sur le Web, à la façon dont Neo évolue dans ce terrain de jeu qu'est devenue pour lui la Matrice.

Internet est progressivement passé du texte à l'adaptation d'images et de vidéos. Aujourd'hui, il a la volonté d'aller plus loin. Le Web 4.0 se détache de l'écran 2D utilisé jusqu'à présent pour privilégier la technologie de réalité virtuelle ou de réalité augmentée comme interface.

Une grande partie de la vision du Web 4.0 est la volonté de capturer pleinement l'expérience humaine. La réalité virtuelle est aujourd'hui le moyen qui nous permet de nous virtualiser encore davantage et de nous permettre d'exister dans un monde parallèle. Avec le métavers, l'immersion dans le monde numérique s'approfondit et pourrait nous conduire à un dédoublement de nos vies.

Une vie dans le monde réel et une autre dans le monde virtuel. À ce stade, le métavers n'est encore qu'une promesse. En soi, ce métavers est un espace virtuel collectif indépendant des appareils et des fournisseurs, créé par la convergence d'une réalité physique et numérique virtuellement améliorée. Il possède déjà sa propre économie virtuelle indépendante, rendue possible par la blockchain, élément fondateur des monnaies numériques et des jetons non fongibles (NFT).

Une blockchain est une technologie de grand livre distribué (DLT) qui consiste en une liste croissante d'enregistrements, appelés blocs, liés de manière sécurisée à l'aide de la cryptographie. Chaque bloc contient un hachage cryptographique du bloc précédent, une sorte d'horodatage et des données de transaction (généralement représentées sous la forme d'un arbre de Merkle, où les nœuds de données sont représentés par des feuilles). L'horodatage prouve que les données de transaction existaient lorsque le bloc a été créé. Étant donné que chaque bloc contient des informations sur le bloc précédent, ils forment effectivement une chaîne, chaque bloc supplémentaire étant lié à ceux qui le précèdent. Par conséquent, les transactions blockchain sont irréversibles en ce sens qu'une fois enregistrées, les données d'un bloc donné ne peuvent pas être modifiées rétroactivement sans modifier tous les blocs suivants. C'est la raison pour laquelle, contrairement aux idées reçues, la blockchain est un système très transparent et non falsifiable.

Les NFT, quant à eux, sont un type d'actif numérique sécurisé basé sur la même technologie de blockchain utilisée par la cryptomonnaie. Au lieu d'une devise, un NFT peut représenter une œuvre d'art, une chanson ou un bien immobilier numérique. Un NFT donne au propriétaire une sorte d'acte numérique ou une preuve de propriété qui peut être achetée ou vendue dans le métavers. Les NFT et la blockchain jettent les bases de la propriété numérique. La propriété de son identité dans le monde réel se répercutera sur le métavers, et les NFT en seront ce véhicule.

Les mondes éducatifs, médicaux, commerciaux et virtuels pourront offrir une expérience plus immersive. Ils n'auront plus à créer leur propre infrastructure, le métavers fournira le cadre. Les mondes virtuels pourront présenter des offres plus intégrées, tandis que le commerce de détail pourra offrir une expérience d'achat plus immersive.

À plus long terme, il faut imaginer un monde virtuel dans lequel les gens vivent, travaillent, font leurs achats et interagissent avec les autres, le tout depuis leur salon, leur cuisine, leur lit d'hôpital, dans le monde réel, via un avatar d'eux-mêmes. Les utilisateurs pourront également voyager virtuellement à travers le métavers pour s'amuser sans but précis à l'aide d'un casque et de contrôleurs de réalité virtuelle.

La promesse est si attrayante que Facebook, devenu Meta, a annoncé en 2021 son intention de dépenser 10 milliards de dollars par an en technologies pour développer sa vision du métavers. À la date de cette annonce, Meta avait déjà vendu des millions de ses casques Oculus VR pour naviguer dans le métavers. Dans une lettre ouverte, Mark Zuckerberg déclare vouloir accélérer le développement des technologies fondamentales, des plateformes sociales et des outils créatifs, nécessaires pour « donner vie au métavers ». C'est dans ce cadre que Meta a lancé *Horizon Worlds*, un espace en réalité virtuelle dans lequel les utilisateurs peuvent naviguer en tant qu'avatar, et des outils permettant aux développeurs de créer des mondes virtuels supplémentaires.

Le terme « métavers » est apparu en 1992 dans le roman d'anticipation de Neal Stephenson, *Le Samouraï virtuel*[1]. En 2011, Ernest Cline popularise le métavers dans son roman de science-fiction *Ready Player One*.

L'action du roman se déroule en 2045, la population échappe aux problèmes qui affligent la Terre dans un monde virtuel appelé « l'Oasis ». Les utilisateurs accèdent au monde à l'aide d'une visière de réalité virtuelle et de gants haptiques qui leur permettent de saisir et de toucher des objets dans l'environnement numérique. Entre-temps, le jeu *Second Life* s'était popularisée.

Internet est un réseau de milliards d'ordinateurs, de millions de serveurs et d'autres appareils électroniques, sur lesquels nous naviguons. Le métavers est un monde dans lequel nous pouvons « vivre ». Les utilisateurs traversent un monde virtuel qui imite des aspects du monde physique en utilisant des technologies telles que la réalité virtuelle (VR), la réalité augmentée (AR), l'IA, les médias sociaux et la monnaie numérique.

Certains gouvernements, à l'étroit dans le monde réel, peuvent aussi étendre leur portée dans le métavers. La Barbade, petite île des Caraïbes, est d'ailleurs pionnière en la matière. Indépendante du Royaume-Uni depuis peu, la Barbade a créé des ambassades dans le métavers grâce à l'entreprise Decentraland. Basée sur *Ethereum*[2], cette plateforme de métavers qui permet de créer un fond virtuel, « l'ambassade dans le métavers est une preuve de l'esprit d'initiative dont fait preuve la Barbade pour faire passer les relations internationales et la diplomatie à l'ère technologique », avait déclaré le diplomate chargé de porter le projet.

Les entreprises pourront aussi donner une dimension plus immersive à des réunions en distanciel et ne pas nuire à la dynamique de groupe des collaborateurs.

Le métavers, nouvel opium du peuple ?

« La religion est le soupir de la créature opprimée, le cœur d'un monde sans cœur et l'âme de conditions sans âme. Elle est l'opium du peuple », écrit Karl Marx. Pour faire supporter les souffrances sociales que l'on inflige aux classes dominées, les classes dominantes créent des idéologies pour masquer la réalité de leur domination brutale. C'est le rôle que certains attribuent déjà aujourd'hui au métavers qui n'en est qu'aux prémices de son développement. La réalité virtuelle serait là pour rendre supportables la dure réalité et la misère de nos existences. La chaîne de la servitude politique se dissimulait sous les ornements religieux selon Karl Marx, elle se dissimulerait aujourd'hui sous les traits du numérique qui a pris une forme sacrée.

Cette sacralisation de la réalité virtuelle s'inscrit aussi dans la droite ligne de la sacralisation de notre individualité, de nos modèles économiques, de notre liberté d'expression, de notre liberté de communication. La sacralisation est au cœur de nos convictions contemporaines.

Il est vrai que l'immersion dans le métavers souvent ludique peut atténuer une réalité un peu dure ou hostile, comme le ferait un film, une série, ou un roman finalement. La Bible hier, la réalité virtuelle aujourd'hui, un opium du peuple qui abrutirait les foules délibérément pour nous rendre incapables de tout discernement ? Ce n'est pas si simple. Même s'il faut bien reconnaître que nous sommes de plus en plus dépendants des technologies.

Nous avons tous en mémoire les images du challenge lancé par Jimmy Kimmel en 2018 à des parents d'enfants fans de jeux vidéo. L'objet du défi : essayer d'éteindre la télévision pendant que leurs enfants jouaient au très populaire *Fortnite*, et filmer leurs réactions. Les résultats furent assez terrifiants, des milliers de vidéos d'enfants agressant plus ou moins violemment leurs parents furent postées sur YouTube. Une compilation de près de trois minutes de ces réactions faites de tristesse, d'incrédulité et de colère fut diffusée pendant son émission *Jimmy Kimmel Live!*. À la fin de ce spectacle effarant, Jimmy Kimmel exhorta les enfants d'aller prendre l'air !

Le besoin de se complaire dans une gratification instantanée et de réponses immédiates aux questions, ce que Nicholas Carr nomme « *the shallows* », n'a sûrement jamais été aussi grand.

L'obésité numérique nous immerge dans une consommation de jeux, de vidéos, de boucles de messageries, de rumeurs, de fausses informations, souvent enfermés sous des écouteurs qui coupent le son de l'environnement dans lequel nous nous trouvons et/ou derrière des casques de réalité virtuelle. Bien sûr, les jeux, les commérages et le désir d'être stimulé ne datent pas d'aujourd'hui et sont bien antérieurs à nos vies numériques, mais les proportions sur le Web sont telles que cela en devient préoccupant.

La question que nous sommes en droit de nous poser aujourd'hui est de savoir si le Web 4.0 sera décentralisé. Savoir si comme au début d'Internet, ce métavers sera libre ou si la promesse est finalement de ne pouvoir nous épanouir que sur les terrains de jeux conçus par les géants du numérique ? Au stade où j'écris ces lignes, il semblerait que les grandes entreprises du numérique aient préempté le métavers. Mais cela reste moins le cas pour la blockchain qui reste un endroit de liberté absolue, mais non dénué de règles strictes.

Les entreprises choisissent leurs propres visions du métavers. À l'instar de Meta, Microsoft a misé sur le métavers collaboratif. L'engouement pour le métavers collaboratif s'explique de la frustration éprouvée durant la crise sanitaire et les longs mois de travail en distanciel. Microsoft a lancé Mesh pour Microsoft Teams au début de l'année. Le nouveau service permet aux utilisateurs de Teams de rejoindre des expériences holographiques collaboratives et partagées lors de réunions virtuelles comme le propose d'ailleurs Meta.

Mesh propose d'aller plus loin, et de permettre aux utilisateurs d'établir une présence virtuelle sur n'importe quel appareil en utilisant un avatar personnalisé d'eux-mêmes. Ce nouvel outil s'appuiera sur l'holoportation, une technologie Microsoft de capture 3D qui permet de reconstruire, de compresser et de transmettre des modèles 3D de haute qualité de personnes partout dans le monde en temps réel. Lorsqu'elle est combinée à des écrans de réalité mixte tels que HoloLens, cette technologie permet aux utilisateurs de voir, d'entendre et d'interagir avec des participants distants en 3D comme s'ils étaient réellement présents dans le même espace physique. Communiquer et interagir avec des utilisateurs distants deviendra aussi naturel qu'une communication en face à face.

Mesh est déjà en bêtatest dans plusieurs entreprises, notamment de recrutement, comme Accenture aux États-Unis. Mesh est utilisé pour aider les nouveaux employés à s'intégrer. S'intégrer dans le réel, grâce au virtuel, c'est tout un concept qui semble fonctionner selon Accenture. Les nouvelles recrues se rencontrent sur Teams pour recevoir des instructions sur la façon de créer un avatar numérique et d'accéder à un espace virtuel partagé qui fait partie du processus d'intégration.

La société créatrice de *Fortnite*, Epic Games, avait annoncé vouloir investir dans un espace virtuel commun permettant aux utilisateurs d'interagir entre eux et avec les marques, sans fil d'actualité.

Elle est allée jusqu'à créer un partenariat avec Samsung et Jimmy Fallon, pour offrir en septembre 2022 la première émission de télévision totalement immersive dans *Fortnite*. Pour avoir eu l'occasion d'essayer plusieurs technologies immersives, je peux attester que c'est bluffant. Le cerveau y croit.

Dans ce monde virtuel, seuls les NFT ont valeur de monnaie. Ils jouent donc un rôle important dans l'utilité et la popularité du métavers.

Des sociétés se créent aujourd'hui dans le métavers en reprenant les modèles du monde réel. Metaverse Property par exemple se présente comme la première société immobilière virtuelle au monde et donne l'opportunité aux utilisateurs d'acquérir des biens numériques. Son rôle, agir en tant qu'agent pour faciliter l'achat ou la location de biens ou de terrains dans plusieurs mondes métaverses, notamment Decentraland, Sandbox, Somnium et Upland. Les offres comprennent des espaces commerciaux, des galeries d'art, des maisons familiales, des restaurants, etc.

Nike a récemment acquis la société RTFKT, un fabricant de chaussures virtuelles qui utilise les NFT, l'authentification blockchain et la réalité augmentée. La société propose des expériences virtuelles, des objets de collection de nouvelle génération à mi-chemin entre la culture et le jeu. « Cette acquisition est une autre étape qui accélère la transformation numérique de Nike et nous permet de servir les athlètes et les créateurs à l'intersection du sport, de la créativité, du jeu et de la culture », a déclaré

John Donahoe, président de Nike. « Nous faisons l'acquisition d'une équipe de créateurs très talentueuse avec une marque authentique et connectée. »

Le lancement en avril 2022 des baskets RTFKT Nick Dunk Genesis a confirmé la pertinence de cette acquisition, d'un point de vue mercantile. L'opération remporta un énorme succès. Pour posséder ce modèle virtuel d'une valeur de six mille euros dans le monde réel, il fallait posséder le NFT intitulé MNLTH. Les vingt mille exemplaires disponibles en exclusivité se sont vendus comme des petits pains. Avant cette acquisition, Nike et Roblox s'étaient également associés sur « Nikeland », un monde numérique où les fans peuvent jouer à des jeux, se connecter et habiller leurs avatars avec des vêtements virtuels.

Malgré ces exemples, le véritable métavers avec interactions réalistes est encore loin. Peu de gens sont équipés de lunettes VR et de gants haptiques. Mais la question de la reproduction de travers du monde réel dans le métavers interroge. La protection des mineurs doit y être précisée et renforcée. Lors d'une réunion du PEGI Council en 2018, nous avions déjà eu à traiter de cas d'agressions, dont certaines à caractère sexuel dans le métavers. Quelle instance saisir ? Les autorités présentes au sein du métavers, la plateforme éditrice, les forces de l'ordre, la justice dans le monde réel ? Les trois !

Enfin, l'impact sur le cerveau des plus jeunes et la question d'une classification claire pour guider les utilisateurs est à envisager dès à présent. Car depuis que les écrans connectés existent, et avant eux la télévision, la question centrale des professionnels de santé et du législateur a été de préserver les enfants et les adolescents.

Deuxième partie

Le Web intelligent serait-il abêtissant ?

« Internet est l'endroit où vous allez quand vous souhaitez allumer votre cerveau, la télévision est l'endroit où vous allez quand vous souhaitez l'éteindre. »

Steve Jobs

Cette assertion de Steve Jobs date de 2005, lors de son dernier discours à l'université Stanford le 12 juin[1]. Malade d'un cancer qu'il savait incurable, Steve Jobs a tenu à réserver son dernier discours aux étudiants de première année de la célèbre université.

Cette citation ne tient pas compte de l'évolution du Web et se situait encore à l'ère du Web 2.0, l'époque où Internet était un géant fournisseur d'informations et de connaissances. Il l'est encore, mais nous l'avons vu précédement les choses ont beaucoup changé depuis. Cette phrase n'est d'ailleurs pas sans rappeler la citation de Jean-Luc Godard qui disait ceci à propos de la télévision : « Quand on va au cinéma, on lève la tête. Quand on regarde la télévision, on la baisse », impliquant que l'on s'abrutirait en regardant la télévision. J'ai en mémoire un(e) ancien(ne) ministre de la

Culture qui avait affirmé que l'on ne se cultivait pas en regardant la télévision. Déclaration assez simpliste et méprisante quand on connaît le nombre d'heures de programmes dédiés à la culture et à la connaissance diffusés chaque année sur le petit écran. Pour beaucoup de Françaises et de Français, que ce soit pour des raisons géographiques, financières ou d'emploi du temps, la télévision reste le seul moyen d'accéder au théâtre, au concert, à la musique, à des documentaires, à la littérature et au cinéma dans toute sa diversité. Cette déclaration était irresponsable tant elle pouvait laisser entendre que le financement de la télévision publique ne se justifiait pas.

La télévision a toujours eu le mauvais rôle. Aujourd'hui ce sont les écrans, non sans raison, comme nous venons de le voir. Mais à un moindre niveau. Il ne viendrait à personne l'idée d'afficher fièrement qu'il n'a pas d'ordinateur, de smartphone, ou qu'il n'est pas connecté à Internet, comme on le fait pour la télévision, sous peine d'apparaître comme totalement rétrograde. Revendiquer que l'on ne possède pas de téléviseur chez soi, que l'on ne regarde pas la télévision est monnaie courante, y compris chez les gens qui fabriquent les programmes ou qui les régulent. Cela conforte dans l'idée que l'on appartient à la frange de la population considérée comme intellectuelle ou érudite, et que le temps de cerveau disponible que nous avons n'est dédié qu'à des activités dites nobles, la télévision n'en faisant clairement pas partie, et ce même si cela n'est pas vrai.

1

L'éternelle question

Le sujet des enfants et des écrans s'invite de façon récurrente dans nos discussions privées et publiques, l'Éducation nationale, l'Académie des sciences, le ministère de la Santé, l'Organisation mondiale de la santé (OMS) sont régulièrement pris à partie et sommés de répondre à la question que tout le monde pose et se pose : la télévision et les écrans nous abrutissent-ils ? Ont-ils un impact sur le cerveau des enfants ? Ou plus exactement : y a-t-il une corrélation ? Un lien de causalité entre les écrans et les troubles de l'attention chez l'enfant et l'adolescent ? Sont-ils responsables des maux dont souffrent les jeunes aujourd'hui ?

Écrans et épanouissement ne font pas bon ménage, et nous venons de le voir, ce sujet est toujours vivement débattu chez les experts, les chercheurs et dans les médias. Les résultats de recherche contradictoires sur ces associations, et la peur des résultats favorables aux écrans ont suscité à la fois une panique morale et incité à intensifier les recherches.

L'avènement des technologies a simultanément engendré des rêves, mais aussi beaucoup d'inquiétudes : dont le stress de disponibilité, l'anxiété d'approbation, la peur de manquer quelque chose, la surcharge de connexion et les coûts des soins. Les écrans ne sont pas sans conséquence sur notre bien-être et sur notre santé mentale.

En France, un premier avis de l'Académie des sciences, publié en 2013, louait « ces extraordinaires outils d'apprentissage et d'échange d'information » et se prononçait en faveur d'un usage « accompagné » des écrans. Je partage toujours cet avis, même s'il faut prendre en compte l'évolution technologique. La nature sensible du sujet a poussé certains médecins, notamment aux États-Unis, à dénoncer l'abus des supports numériques chez les plus jeunes. Mais les études sur le sujet restent controversées. L'existence même d'une dépendance au Web, en dehors du cadre des addictions sans drogues, est encore en discussion dans le milieu médical. L'OMS a statué sur la question du jeu vidéo en reconnaissant un syndrome de l'addiction en 2018, n'attendant pas un consensus scientifique sur le sujet. Considérant que le phénomène mondial méritait que l'on statue vite, dans l'intérêt des enfants et des adolescents. Le sujet est vaste. Les technologies sont récentes. Il n'y a pas si longtemps, nous parlions encore de nouvelles technologies de l'information et de la communication, les fameuses NTIC. C'est la raison pour laquelle, à l'heure à laquelle j'écris ces lignes, les réponses à ces questions ne sont pas figées, la littérature scientifique s'enrichit chaque jour un peu plus.

Grégoire Borst, professeur de psychologie du développement et de neurosciences cognitives de l'éducation à l'université Paris-Cité et directeur du LaPsyDÉ (CNRS) travaille, au sein de ce laboratoire sur les conséquences de l'exposition accrue aux écrans, en particulier chez l'enfant et l'adolescent. Il succède au professeur Olivier Houdé, pionnier sur ces sujets, administrateur de l'Institut universitaire de France depuis 2018, qui a dirigé le laboratoire pendant plus de vingt ans. Ils rappellent que depuis longtemps nous savons que certaines émissions de télévision ou certains jeux vidéo peuvent avoir des effets néfastes sur la santé ou le développement cérébral des enfants. Quand d'autres peuvent aussi stimuler et renforcer les capacités des enfants et adolescents qui les regardent ou s'y adonnent. Il est donc difficile de trancher radicalement sur l'exposition des jeunes aux écrans, et il faudra sans doute attendre encore quelques années pour bénéficier d'un recul suffisant dans l'observation des conséquences effectives d'une telle exposition.

Sachant que sur ce sujet et depuis toujours, même lorsqu'il n'était encore question que de télévision, il y avait déjà plusieurs écoles. Toutes militent pour une utilisation raisonnable et raisonnée des écrans. Chaque école fait une interprétation plus ou moins différente de la littérature scientifique dont nous disposons aujourd'hui. Ce qui n'aide pas vraiment le grand public à s'y retrouver.

Chaque étude entraîne un débat, entre praticiens, chercheurs, associations et pouvoirs publics. Ce débat s'invite aussi généralement dans les médias, et ce de façon très bruyante, au niveau des gouvernements et dirigeants de pays, elle s'invite aussi au Parlement, et c'est le signe que cela soulève beaucoup de passions.

La France n'y échappe pas. Le Collectif surexposition écrans (COSE) composé de psychologues, pédopsychiatres, psychométriciens et psychologues français s'exprime régulièrement dans les médias. Leur conclusion est qu'il existe un lien clair entre l'usage des écrans et le trouble de l'attention chez l'enfant.

Leur raisonnement se fonde sur des études scientifiques, mais aussi sur des études basées sur leurs expériences de praticiens faites sur leurs échantillons respectifs de patients. Dans le cadre de mes fonctions de membre de l'Autorité de régulation de la communication audiovisuelle et numérique, j'ai rencontré ou auditionné tous les courants, y compris les plus radicaux, notamment pour me forger une opinion et mieux exercer ma mission. Régulièrement reçu par les autorités de santé, par le ministère de la Santé et le ministère de l'Éducation nationale, le collectif COSE mise sur la pédagogie et la répétition, et publie des articles et des tribunes dans des journaux pour alerter. Son message ne varie pas depuis sa création en 2017 :

> Nous recevons de très jeunes enfants stimulés principalement par les écrans, qui, à 3 ans, ne nous regardent pas quand on s'adresse à eux, ne communiquent pas, ne parlent pas, ne recherchent pas les autres, sont très agités ou très passifs. [...] Captés ou sans cesse interrompus par les écrans, parents et bébé ne peuvent plus assez se regarder et construire leur relation. Les explorations du bébé avec les objets qui l'entourent, soutenues par les parents, sont bloquées ou perturbées, ce qui empêche le cerveau de l'enfant de se développer de façon normale. Ces deux mécanismes – captation de l'attention involontaire et temps volé aux activités exploratoires – expliquent à eux seuls les retards de langage et de développement, présents chez des enfants en dehors de toute déficience neurologique[1].

L'élément fondateur du collectif au-delà de leurs constats de praticiens, est une étude israélienne publiée en 2014 sur l'utilisation de l'appareil mobile par la mère lors d'une tâche structurée d'interaction parent-enfant, réalisée par un collectif de chercheurs composé de Jenny Radesky, Alison L. Miller, Katherine L. Rosenblum, Danielle Appugliese, Niko Kaciroti, et Julie C. Lumeng.

L'objectif de cette étude était d'examiner les associations entre l'utilisation d'appareils mobiles par la mère et la fréquence des interactions mère-enfant au cours d'une tâche de laboratoire structurée.

Les participants comprenaient 225 duos mère-enfant à faibles revenus. Lorsque les enfants avaient atteint l'âge d'environ 6 ans, les duos ont été filmés au cours d'un protocole standardisé afin de caractériser comment les mères et les enfants interagissaient lorsqu'on leur demandait d'essayer des aliments familiers et inconnus. À partir des vidéos, les chercheurs ont dichotomisé les mères selon qu'elles utilisaient ou non spontanément un appareil mobile, et compté les sollicitations maternelles verbales et non verbales envers l'enfant. Les chercheurs ont utilisé la régression de Poisson[2] multivariée pour étudier les associations entre l'utilisation de l'appareil et la fréquence des repas rapides pour différents aliments. Les mères étaient âgées en moyenne de 31,3 ans. Sur le panel, 28 % étaient d'origine hispanique ou d'une autre origine ethnique.

Les résultats sont intéressants. Au cours du protocole, 23,1 % des mères ont utilisé spontanément un appareil mobile. Cette utilisation n'était associée à aucune caractéristique maternelle, y compris l'âge, l'origine, l'éducation, les symptômes dépressifs ou le style parental. Les mères utilisant un appareil ont entrepris moins d'interactions verbales et non verbales avec leurs enfants que les mères qui n'ont pas utilisé d'appareil, en moyenne pour tous les aliments. Cette association était la plus forte lors de l'introduction d'un aliment moins familier.

L'étude conclut que l'utilisation d'appareils mobiles est associée à moins d'interactions avec les enfants lors d'une tâche d'interaction structurée en particulier, les interactions non verbales et lors de l'introduction d'un aliment inconnu. Elle conclut également que des recherches supplémentaires sont nécessaires pour comprendre comment l'utilisation de l'appareil affecte l'engagement parent-enfant dans des contextes naturalistes. L'étude n'est donc pas affirmative même si elle a permis d'ouvrir la discussion.

En 2004, dans son étude pour le Centre national d'information sur la violence dans la famille, la professeure canadienne Wendy Josephson distingue les différentes périodes de la vie des enfants face à la télévision[3]. Les enfants de moins dix-huit mois peuvent regarder la télévision pendant de courtes périodes, mais cela exige un effort considérable de leur part. Ils préfèrent leurs propres activités. Même quand la télévision retient leur attention, souvent le contenu leur échappe. Ces enfants saisissent d'abord les fragments discontinus de son et de lumière, avec, éventuellement, la capacité de reconnaître des personnages humains ou animaux. C'est la tension du regard vers l'écran qui déclenche souvent leur irritabilité.

Ce n'est qu'à l'âge de 2 ans et demi que les enfants deviennent réellement téléspectateurs. Ils saisissent le contenu des programmes diffusés. Ils peuvent imiter ce qu'ils voient et entendent. À cet âge les dessins animés leur sont bien évidemment recommandés. Mais tous ne sont pas dénués de violence, et certains enfants dès cet âge sont déjà exposés à une forte dose de contenus violents. De 3 à 5 ans, les enfants sont moteurs et ont la capacité de choisir ou non de regarder la télévision. Selon Wendy Josephson, « les enfants sont attirés par les effets frappants de mise en scène propre à la télévision et au cinéma, tels que la dynamique des personnages, les changements rapides de décor, les jeux de son et lumière intenses et inattendus ».

De 6 à 11 ans, les programmes pour enfants sont encore vivement recommandés, même s'il ne s'agit plus uniquement de films ou séries d'animation. Les enfants ont une appétence pour les programmes dits familiaux, même si certains expérimentent les films d'horreur.

À partir de 12 ans, les enfants sont aptes à la pensée abstraite et au raisonnement. Mais leur principale préoccupation est de prendre leur indépendance et de ce point de vue ils sont attirés vers des contenus transgressifs, tels que les films d'horreur, les jeux vidéo souvent classés PEGI 18, ou encore les contenus pornographiques.

Dans son étude, Wendy Josephson fait le lien entre la violence et la télévision. Dès l'âge de 3 ans, les enfants ont tendance à être attirés par la violence de certains dessins animés, elle constate que les enfants qui viennent de regarder un contenu dont l'action est vive, ou clairement violente, auront tendance à jouer de façon plus agressive ensuite. Sans forcément pour cela être capable de contextualiser la violence, les motivations des protagonistes et les conséquences de tels actes.

Plus tard par identification à certains de leurs héros, certains enfants de 6 à 11 ans sont tentés de reproduire la violence ou de se livrer à des fantasmes d'agression. Certains enfants, dont l'exposition aux contenus violents est soutenue, auront tendance à être beaucoup plus tolérants face à la violence dans la vie réelle.

Avec le développement du Web, des grandes entreprises du numérique dont le modèle d'affaires impose qu'il soit global, la problématique des écrans et des enfants est devenue mondiale, et les ressources scientifiques dont nous disposons sont désormais internationales. Les études se multiplient et beaucoup m'ont aidée à me forger une opinion (on pourra se référer à la bibliographie).

Ces études sont aussi celles sur lesquelles le docteur en neurosciences et directeur de recherche en neurosciences à l'Inserm, Michel Desmurget, s'est appuyé pour rédiger son ouvrage pamphlétaire *La Fabrique du crétin digital.* Il n'hésite pas à faire le lien entre les écrans et les troubles de l'attention. Il compare la nocivité des écrans à celle du tabac. Ce qui est loin d'être le cas de tous ses confrères. Nous y reviendrons. Mais il faut reconnaître qu'il y a matière à s'inquiéter. En cumul annuel, les usages numériques représentent autour de 1 000 heures pour un élève de maternelle (soit davantage que le volume horaire d'une année scolaire), 1 700 heures pour un écolier de cours moyen (deux années scolaires) et 2 400 heures pour un lycéen du secondaire (deux années scolaires et demi) si l'on reprend le comparatif de Michel Desmurget.

Selon lui et contrairement à certaines idées reçues, cette profusion d'écrans est loin d'améliorer les aptitudes de nos enfants. Bien au contraire, elle a de lourdes conséquences. « Ce que nous faisons subir à nos enfants est inexcusable. Jamais sans doute, dans l'histoire de l'humanité, une telle expérience de décérébration n'avait été conduite à aussi grande échelle », estime Michel Desmurget.

C'est une question de santé publique. Ce sur quoi je suis en parfait accord sur ce point, même si son constat mérite selon moi d'être nuancé. Plus qu'une loi, Michel Desmurget milite pour une information auprès des parents. Une information sur les conséquences qu'il estime graves comme les troubles de l'attention, les troubles de la régulation émotionnelle qui peuvent avoir un impact sur le comportement en entraînant de l'agressivité, de la dépression, des conduites à risque, un trouble du sommeil, de la sédentarité, de l'obésité et une espérance de vie réduite. Ce qui ne serait pas sans conséquence sur la réussite scolaire de nos enfants, puisque les écrans ont un effet sur le langage, la mémorisation et la concentration.

Le temps d'écran remplace des activités plus structurantes pour le cerveau. Il remplace du temps d'interaction et du temps de jeu tout en créant des dettes de sommeil importantes. Du point de vue de la structuration cérébrale, Michel Desmurget est sans appel : la culture numérique va réduire les développements et le besoin d'humains. Bien que dans certains cas, les jeux vidéo puissent favoriser l'acuité visuelle ou remédier à certains troubles du langage comme la dyslexie, ils ont des effets négatifs sur la concentration. Il y a une unanimité scientifique sur le sujet.

2

« Vous avez une notification »

Notre époque n'est faite que de notifications. Nous en recevons entre quatre-vingts et cent par jour. Les notifications n'épargnent pas nos enfants qui en reçoivent entre soixante et quatre-vingts par jour lorsqu'ils sont équipés de smartphones. Nos appareils numériques, smartphone en tête, sonnent, vibrent constamment pour majoritairement nous alerter de non-événements ou de choses sans importance. Le moindre commentaire ou appréciation sur un réseau social, et nous voilà notifiés, et sommés d'y prêter attention, d'y répondre pour rendre interminables les discussions en ligne. La rubrique des chiens écrasés des journaux ne s'est jamais aussi bien portée depuis qu'elle adresse des notifications aux abonnés, qui s'empressent de cliquer pour se repaître de la misère du monde, entraînant une longue séance de *doom scrolling* en quête des informations les plus tristes voire sordides.

Ces notifications ont été sciemment conçues pour nous interpeler, nous extraire de nos conversations, de nos activités importantes, et ce, de manière instantanée. Rien ne leur résiste. Avec plus de soixante applications en moyenne installées sur nos outils numériques, autant dire que nous subissons chaque jour un bombardement constant de notifications. Tel le chien du physiologiste Ivan Pavlov, à la fin de XIXe siècle, qui avait fini par associer le son de la cloche à ses repas, le faisant saliver, nos réactions sont similaires lorsque nous recevons ces notifications. Les notifications sont la cloche du chien de Pavlov. Nous salivons à l'idée d'être gratifiés d'une mention « j'aime » sur notre dernier post, et *a contrario* nous angoissons à l'idée de voir ce post pollué par des trolls[1], par des commentaires mitigés, acerbes, ou pire par la non-réaction que susciterait la dernière photo postée à grand renfort de *hashtags*.

Les notifications ont des effets délétères sur la cognition et la physiologie du cerveau. Ces interruptions incessantes surexcitent le système de la dopamine, l'hormone du plaisir. Les gratifications s'accompagnent aussi de déceptions, ce qui a un effet sur la dopamine, et sur le cortisol, appelé aussi l'hormone du stress, provoquant des hauts, des bas, et des sautes d'humeur importantes. Les notifications alimentent l'incertitude, le stress ou la solitude.

Il a été démontré que lorsque le téléphone sonne notre pression sanguine et notre rythme cardiaque augmente, ce qui semblerait figer notre capacité à résoudre des problèmes. Ces notifications nuisent à notre performance. Vibration égale déstabilisation.

Notre cerveau, le plus ancien des ordinateurs, n'est pas fait pour subir un bombardement sensoriel constant. Bien que nos capacités d'adaptation soient immenses, il ne peut faire face à ces processeurs dont la puissance augmente de 100 % chaque année. C'est encore moins le cas pour le cerveau d'un enfant ou d'un adolescent.

Les travaux menés à la PsyDÉ par le professeur Olivier Houdé poursuivis aujourd'hui par le professeur Grégoire

Borst, tous deux professeurs de psychologie du développement et de neurosciences cognitives de l'éducation à l'université Paris-Cité, m'interpellent depuis longtemps. Auteurs de nombreux ouvrages, ils n'hésitent pas à vulgariser, sans jamais tomber dans la simplification et l'outrance. Ils tentent depuis longtemps de déterminer le lien de causalité sans jamais tomber dans le sensationnalisme.

Experte de l'industrie des médias audiovisuels et numérique, et de la création, lorsque j'ai été nommée par le président du Sénat, Gérard Larcher, au CSA – Conseil supérieur de l'audiovisuel –, devenu l'Arcom – Autorité de régulation de l'audiovisuel et du numérique –, j'ai rencontré les professionnels de l'enfance qui accompagnaient l'institution. Très vite, j'ai pu constater qu'il existait un manque, compte tenu de l'évolution accélérée des technologies. Ces experts reconnus de l'enfance et de l'adolescence dont le pédiatre Georges Picherot, ou la pédopsychiatre et fondatrice de l'association e-Enfance Béatrice Copper-Royer, arrivèrent comme moi à la conclusion qu'il fallait revoir la composition de ce groupe d'experts. C'est comme cela qu'est né le comité d'experts du jeune public dans sa forme actuelle. J'ai en effet souhaité que le monde de l'enfance, pédiatres, pédopsychiatries et associations (e-Enfance, l'Union nationale des familles, et l'Observatoire de la parentalité numérique) côtoient des créateurs de programmes audiovisuels pour enfants (scénaristes, producteurs, créateurs de jeux vidéo...) tels les producteurs Azmina Goulamaly et David Michel, la scénariste Christel Gonnard, des experts des contenus pour adultes et militants engagés pour la protection des mineurs comme la journaliste, réalisatrice et auteure Ovidie, des experts du monde du jeu vidéo comme Marie-Sophie de Waubert, Emmanuel Martin et Nicolas Vignolles, des numériciens comme la *data scientist* Aurélie Jean, des entrepreneurs engagés pour l'éducation et le numérique comme Amélia Matar, et bien entendu des experts en psychologie du développement et de neurosciences cognitives de l'éducation tels que Grégoire Borst succédant ainsi à Olivier Houdé, sans oublier Pauline Blassel de l'ex-Hadopi, Geneviève Avenard, puis Éric Delemar le Défenseur des enfants et Alexandra Mielle des services de l'Arcom.

Compte tenu de l'évolution ultra-rapide des technologies, des changements d'usages, il était important que tous ces acteurs puissent travailler et surtout réfléchir ensemble. C'est ce que nous avons fait. Nous avons pu prendre à bras-le-corps la question de la parentalité numérique en entamant un dialogue constant avec les plateformes, et modernisé la communication envers les parents et le corps enseignant.

En effet, les études publiées invitaient à ce que cette réflexion se fasse sans tarder. Mais tous les chercheurs ne s'entendent pas sur le constat à tirer quant à l'impact qu'auraient ces écrans sur le cerveau.

3

Le cerveau des enfants et des adolescents à l'ère numérique

L'aventure du cerveau démarre dès le vingt-huitième jour de grossesse, à l'apparition des premières cellules nerveuses. Pour atteindre sa maturité d'adulte, le cerveau doit mettre en place un réseau ultra-sophistiqué de connexions entre les neurones. Le cerveau du nouveau-né possède déjà les cent milliards de neurones et ce nombre n'augmentera plus. Les bébés perçoivent leur environnement, ils traitent de l'information, répondent par exemple de manière privilégiée au visage d'une autre personne, notamment de ses parents.

Les fonctions cognitives, comme le langage ou le calcul, ont des prémices chez le nourrisson. Le cerveau du bébé est équipé pour traiter les caractéristiques de la parole humaine et les nombres : on peut mettre en évidence que des nourrissons de quelques mois ont une conscience du nombre d'objets qui les entourent et qu'ils savent effectuer des opérations sur ces nombres. Les apprentissages sont permis grâce à l'organisation innée du cerveau, et les circuits neuronaux, plastiques à la naissance et qui évoluent et se stabilisent au fil du temps.

Ce sont pour toutes ces raisons que le cerveau du bébé de la naissance à 3 ans doit être protégé. Le cerveau du bébé a une sensibilité très forte de l'environnement. Mais penser qu'au-delà de cet âge le cerveau ne mériterait aucune protection est une idée reçue erronée. Après une période de croissance, la couche externe du cortex augmente du fait des connexions entre les neurones. La croissance cérébrale varie d'une région cérébrale à l'autre. La croissance se fait sur un axe postéro-antérieur, des régions postérieures aux régions antérieures.

Dans la deuxième période de croissance, une sélection des connexions entre les neurones s'opère sous la pression de l'environnement et en éliminant certaines connexions, l'épaisseur corticale diminue. En effet à l'adolescence, on observe une réouverture et une sensibilité très forte du cerveau. Il se reconfigure, notamment sous l'effet des hormones pubertaires, pour prendre sa forme adulte très tardivement. C'est la période de l'élagage neuronal dont la finalité est de sélectionner, de renforcer certaines connexions, et d'en supprimer d'autres. Cet élagage commence par les régions du cerveau liées aux fonctions sensorielles et motrices de base, puis c'est au tour du cortex préfrontal, le siège des fonctions cognitives dites supérieures. Cette phase d'élimination correspond à une accélération de l'influx nerveux. Le cerveau gagne en efficacité. Le lobe frontal, siège des fonctions évoluées, est encore en pleine maturation. L'adolescent est particulièrement sensible, car son cerveau contrairement à celui de l'adulte, n'a pas les capacités d'abstraction, d'organisation ni de prise de décision. C'est de là que naissent nombre d'incompréhensions intergénérationnelles, les parents ne comprenant pas toujours le comportement « étrange » de leurs adolescents.

Ce dont nous n'avons pas réellement conscience, et Grégoire Borst insiste beaucoup sur ce point, c'est que le cerveau se forme jusqu'à l'âge de 20-25 ans. La question de l'exposition aux écrans et à des images inappropriées se pose tout au long du développement de l'enfant et de la croissance du cerveau, pas uniquement lorsque l'enfant n'est qu'un bébé. La croissance cérébrale dépend de son environnement. Et les écrans ne sont pas forcément moins nocifs quand il s'agit d'adolescents.

Pour bien penser l'effet du numérique, il faut le penser à un âge donné, mais aussi réfléchir à ce que cela produit sur un système en développement. En résumé, aux effets sur le développement cérébral et la croissance des enfants sur le long terme. Il existe un lien direct entre le processus de pensée et notre activité cérébrale. Le fait que le cerveau se développe de façon dynamique et non linéaire a des effets sur la façon dont nous devons penser le développement cognitif et socio-émotionnel de l'enfant et de l'adolescent. Ce processus n'est pas cumulatif. Le développement est progressif, on ne passe pas du stade de bébé qui a accès à une pensée extrêmement simple, au stade d'adolescent à la pensée complexe, abstraite et hypothético-déductive.

Le progrès cognitif se définit plus par une alternance de périodes de fulgurances, avec une acquisition très rapide d'un certain nombre de compétences ; et de périodes de stagnation, voire de régression. Par ailleurs, on ne se développe pas au même rythme dans les différents domaines, au niveau socio-émotionnel et cognitif. Le développement peut s'opérer à différents rythmes dans différents domaines, et différemment en fonction des enfants. La notion de variabilité est trop souvent sous-estimée. L'homogénéité n'existe pas.

4

Ce que disent les études scientifiques

Mesurer l'effet des écrans sur le cerveau des enfants suppose que les chercheurs suivent un groupe représentatif d'enfants sur une période longue, de plusieurs années, voire plusieurs décennies. La temporalité est essentielle. Or la plupart des études scientifiques réalisées à ce stade, même si elles sont sources d'informations précieuses, n'ont pas été menées sur un temps très long. Par ailleurs le sujet devient vite polarisant et la littérature scientifique est souvent interprétée avec beaucoup de subjectivité.

Michel Desmurget, dont le discours est sans appel, nuance cependant lorsqu'on lui demande si les enfants surexposés perdraient des points de quotient intellectuel (QI) en cas de surexposition aux écrans, car il faut aborder la question sans omettre de prendre en compte le contexte historique. En effet, on observe aujourd'hui que la systématique augmentation de l'intelligence d'une génération à l'autre n'est plus vraie.

Nous sommes dans une phase de stagnation. L'effet Flynn, du nom de l'universitaire néo-zélandais à l'origine des recherches sur l'augmentation du QI à travers les âges, désigne l'accroissement des scores aux tests de QI. Cet effet semble être à l'arrêt dans les pays occidentaux. Cette stagnation serait-elle due aux écrans ? Des données nutritionnelles, environnementales, sociales pourraient être à l'origine de cette stagnation. Sachant que certains parlent de palier.

La difficulté pour les scientifiques est d'établir le lien de causalité sans biais de raisonnement. Corrélation ne vaut pas causalité. Ce n'est pas parce que deux choses varient ensemble qu'elles sont liées. Comme l'augmentation des écrans dans les foyers et l'augmentation des troubles chez les enfants (2010 à 2018) ne signifie pas qu'il y a forcément un lien de causalité entre les deux. À quel point peut-on démontrer de façon causale que l'exposition produit un effet, tel que le retard de développement cognitif ou un retard au niveau du langage ?

Les professeurs Michel Desmurget, Jean Twege et d'autres certifient qu'il y en a un et que la littérature scientifique, dont leurs propres travaux, le prouve. Les praticiens du collectif COSE sont sur la même ligne, même si leurs conclusions ne reposent que sur leur échantillon de patients. La place occupée aujourd'hui par les écrans explique la prévalence de certains troubles que l'on observe chez les enfants depuis une dizaine d'années.

Pour illustrer son raisonnement, Grégoire Borst prend souvent la dépression comme exemple. Pathologie majeure du XXIe siècle selon l'OMS, la dépression est la maladie psychiatrique la plus répandue. En France par exemple, elle touche plus de 17 % de personnes soit 2,5 millions de Françaises et de Français. Certaines études sur les écrans démontrent que le taux d'adolescentes qui entrent en dépression ne fait que croître. Mais de façon générale les femmes sont plus sujettes à la dépression que les hommes. Ce qui explique ainsi pourquoi les études font apparaître que les jeunes filles sont plus touchées par les effets délétères des écrans.

Les études concluent que les enfants qui regardent le plus la télévision sont ceux qui ont le moins de mots à leur vocabulaire. La question de la directionnalité de la corrélation est à prendre en considération. En effet trouver un lien entre deux variables ne permet pas de définir la directionnalité de ce lien. Il peut y avoir des variables cachées qui expliquent les problématiques observées. On se souvient par exemple des études qui concluaient que la consommation de café et les cas de cancer du poumon étaient liés. Mais c'était sans compter sur la variable cachée de la cigarette qui va souvent de pair avec le café.

Le seul moyen d'établir une causalité serait de pratiquer des essais contrôlés aléatoires. En toute rigueur si l'on voulait établir un lien entre l'exposition aux écrans et le lien cognitif de l'enfant ou ses apprentissages, il faudrait prendre un échantillon représentatif de la population générale des enfants, de façon aléatoire, exposer la moitié à la télévision ou aux écrans pendant quatre heures par jour pendant six mois, et un groupe non exposé. Les évaluer avant et après en prenant une grille d'évaluation comportant des items tels que les compétences langagières, les compétences cognitives, puis voir si, dans le groupe exposé, il y a un développement différencié entre les deux.

D'un point de vue éthique, cette étude est bien entendu impossible à réaliser. C'est la raison pour laquelle il n'en existe pas. Il est impossible d'exposer délibérément et sciemment des enfants à des écrans alors qu'il existe une suspicion réelle que l'exposition pourrait avoir des effets négatifs sur leur développement langagier et leur développement cognitif. C'est une bonne chose. Et c'est aussi la raison qui rend aujourd'hui impossible l'établissement des liens certains de causalité univoques.

Pour préciser ce que pourraient produire les écrans, il est indispensable de distinguer les temps d'écran du contenu. D'un côté, il y a le temps passé qui lui doit être encadré, de l'autre les programmes consommés, qui doivent prendre en considération l'âge et la sensibilité de l'enfant. Beaucoup de parents se focalisent sur le temps d'écran sans se préoccuper des programmes regardés. L'importance de se conformer aux indications relatives à la signalétique, indiquée avant chaque programme lors de leur diffusion, à la télévision, sur les plateformes et pour les jeux vidéo n'est pas à sous-estimer. Le respect de la signalétique PEGI est aussi crucial – nous y reviendrons.

L'étude américaine Association Between Screen Time and Children's Performance on a Developmental Screening Test de Sheri Madigan, Dillon Browne, Nicole Racine, Camille Mori, et Suzanne Tough, menée en 2019, s'intéresse au temps passé. Elle se fonde sur une hétéro-évaluation du développement moteur et cognitif de 2 441 enfants de 24 mois, de 36 mois puis de 60 mois. Ce qui est observé, c'est que les enfants qui passent beaucoup de temps sur les écrans à 24 mois en passeront plus à 36 mois, puis encore plus à 60 mois.

L'étude permet de croiser les informations. Les enfants qui passent le plus de temps entre 24 et 36 mois sont ceux dont le développement cognitif est le moins développé à 36 mois. L'effet est significatif. Mais quelle est la taille de l'effet ? C'est ce qu'il faut déterminer pour permettre de développer une politique de santé publique efficace. Or le constat de l'étude démontre qu'il y a bien une baisse de 1 à 2 points sur le quotient intellectuel chez les enfants les plus exposés. C'est peu au regard des points de QI moyen chez l'enfant qui est de 100, mais il y a bien un effet.

Évolution technologique oblige, nous disposons de plus de données sur l'exposition à la télévision qu'aux outils numériques. Une autre étude américaine interroge le lien entre la télévision et les troubles de l'attention. Elle est signée E. Michael Foster et Stephanie Watkins et date de 2010. Réalisée sur 1 159 enfants, elle évalue le temps passé sur les écrans des enfants de 1 à 3 ans. L'idée est de savoir si l'on constate un effet quand ils atteignent l'âge de 7 ans. Pourquoi 7 ans ? Car c'est à cet âge que sont posés les diagnostics de troubles éventuels. Quant à la question de la directionnalité, elle est abordée dans une étude. Quant à la question de la directionnalité, elle est abordée dans une étude longitudinale parue en 2004 et qui permet de mesurer les effets en cascade sur le temps long[1].

Une autre étude a été menée sur 273 enfants de 5 à 18 ans dont 255 suivis dans le temps[2]. L'estimation du QI verbal est mise en lien avec le nombre d'heures passées devant la télévision. L'étude démontre que le temps passé à un âge donné a un impact ensuite dans le développement de l'enfant ; des effets sur le cerveau à un âge donné, puis sur la croissance cérébrale.

L'exposition aux écrans a donc un impact sur le développement du cerveau et le QI verbal. Les chercheurs se posent également la question des effets sur la structure du cerveau. Avant d'y répondre, il faut savoir que toutes les activités ont un impact sur le cerveau. Ce dernier se reconfigure en fonction des activités et de l'environnement. La question des régions du cerveau touchées et l'impact dans le temps est aussi abordée. De l'impact sur les systèmes cérébraux de façon positive ou négative. Est-ce que ce qui est observé au niveau cérébral peut être mis en lien avec le QI verbal ? Observe-t-on des effets sur la maturité cérébrale, qui se manifesterait avec une accélération de la maturation du cerveau ? L'étude n'est pas parvenue à répondre à ces questions, les chercheurs consolident actuellement leurs protocoles pour faire le lien avec tous ces constats.

Concernant le lien entre les écrans et le trouble du langage, une autre étude publiée en 2018 est intéressante[3]. Elle s'intéresse à deux groupes. D'un côté, un groupe d'enfants d'environ 5 ans dont on a identifié qu'ils avaient des troubles du langage ; et de l'autre un groupe contrôle qui ne comporte pas de troubles du langage. Un questionnaire est ensuite proposé aux parents. L'étude s'intéresse aux variables. Beaucoup sont liées à l'exposition aux écrans, ce qui démontre qu'il y a un lien. Deux variables d'intérêt ont notamment été isolées :

– exposition aux écrans le matin avant d'aller à l'école ;

– absence de dialogue avec l'enfant sur le contenu regardé.

La qualité des programmes visionnés et l'adéquation du programme avec l'âge de l'enfant qui le regarde sont des données essentielles à prendre en compte. Le dialogue entre adultes et enfants, pour notamment parler de ce que l'on a vu, et des images choquantes ou inappropriées permet de réduire les effets délétères sur le cerveau.

C'est le sens de l'étude sur l'usage de la télévision et les résultats linguistiques des nourrissons et des tout-petits de Deborah L. Linbarger et de Dale Walker[4]. L'étude a été réalisée sur un échantillon faible de 51 enfants, suivi de 5 à 30 mois. Leur constat a été qu'à l'issue de l'étude, à l'âge de 30 mois, les enfants exposés aux écrans avaient sept mots de vocabulaire en moins que ceux du groupe d'enfants non exposés. Sachant que le milieu socio-économique des foyers est bien entendu à prendre en compte. Les enfants de cet âge issus de milieux défavorisés ont quatre cents mots à leur vocabulaire, contre mille mots pour les enfants des milieux aisés.

L'étude a pu démontrer que l'exposition à des programmes au vocabulaire pauvre, comme *Les Télétubbies* pouvaient entraîner un différentiel de plus de dix mots en moins à 30 mois. En revanche les programmes dits éducatifs, appelés *educational TV* ou *learning TV* très prisés aux États-Unis peuvent permettre d'acquérir des mots de vocabulaire.

La télévision peut être un outil d'apprentissage très puissant et efficace pour les enfants si elle est utilisée à bon escient. Dans une étude menée en 2014 par Yusuke Moriguchi et Kazuo Hiraki[5], il a été démontré que les enfants d'âge préscolaire peuvent apprendre aussi bien à partir de présentations vidéo qu'à partir de présentations en direct sur l'acquisition de mots, l'imitation d'actions et la recherche d'objets. Plusieurs théories cognitives ont été proposées pour expliquer les changements de développement accompagnant le début de l'apprentissage à partir de la télévision, mais le mécanisme neuronal sous-jacent n'est pas clair. Un mécanisme possible est le système d'appariement en miroir, dans lequel l'observation de l'action recrute la représentation motrice interne d'un observateur de la même action. À l'aide de la spectroscopie proche infrarouge, les chercheurs ont examiné si les régions sensorimotrices étaient activées lorsque les enfants apprennent des actions basées sur des règles à partir d'un modèle vivant par rapport à un modèle télévisé. Les résultats ont révélé que les enfants apprenaient les actions aussi bien à partir de modèles vivants que télévisés, mais les activations dans les régions sensorimotrices gauches étaient légèrement plus fortes lors de l'apprentissage à partir du modèle vivant qu'à partir du modèle télévisé. Ces résultats peuvent contribuer à notre compréhension de la manière de soutenir l'apprentissage des enfants grâce à la télévision, mais pas avant l'âge de 3 ans.

Apprendre à lire est extrêmement difficile pour environ 10 % des enfants ; ils sont affectés par un trouble neurodéveloppemental appelé dyslexie. Les causes neurocognitives de la dyslexie sont encore très débattues. La remédiation de ce trouble est loin d'être achevée et les traitements actuels demandent des ressources importantes. Dans cette étude, les chercheurs démontrent que douze heures de jeux vidéo d'action – n'impliquant aucune formation phonologique ou orthographique directe – améliorent considérablement les capacités de lecture des enfants dyslexiques. Ils ont testé les compétences de lecture, phonologiques et attentionnelles de deux groupes appariés d'enfants dyslexiques avant et après avoir joué à des jeux vidéo d'action ou de non-action pendant neuf séances de 80 minutes par jour. Ils ont pu constater que seuls les jeux vidéo d'action amélioraient la vitesse de lecture des enfants, sans aucun coût de précision, plus qu'un an de développement spontané de la lecture et plus ou égal aux traitements de lecture traditionnels très exigeants. Les compétences attentionnelles se sont également améliorées lors de la formation aux jeux vidéo d'action. Il a été démontré que les jeux vidéo d'action améliorent efficacement les capacités d'attention de ces enfants ; leurs résultats ont montré que cette amélioration peut se traduire directement par de meilleures capacités de lecture, offrant une nouvelle remédiation rapide et amusante de la dyslexie qui a une pertinence théorique pour dévoiler le rôle causal de l'attention dans l'acquisition de la lecture.

Les études ont démontré que notre cerveau était génétiquement stable et qu'il n'avait pas subi de modification depuis l'accroissement de bombardement numérique constant que nous lui faisons subir, mais nous devons rester vigilants. La stabilité génétique ne signifie pas que les effets ne soient pas scientifiquement constatés sur la mémoire, la concentration, le sommeil, le bien-être et sur notre santé mentale.

Troisième partie

Nos enfants, ces parfaits produits de consommation

« L'humanité acquiert toute la bonne technologie pour toutes les mauvaises raisons. »

Richard Buckminster Fuller

Lorsque l'on interroge aujourd'hui Tim Berners-Lee, l'inventeur du Web, il ne cache pas sa déception quant à ce que son invention est devenue. Robert Cailliau, son associé au CERN et cofondateur du Web, n'hésite jamais lors de ses rares prises de parole à parler de ses dérives, notamment de la guerre des navigateurs, de l'omnipotence des géants du numérique, de l'exploitation commerciale des données, etc. Il faut dire que nous sommes loin de la philosophie qui accompagnait leur invention et leur généreux abandon dans le domaine public, pour que tout le monde puisse en bénéficier.

1

Du statut de consommateur à celui de produit

Que s'est-il passé ? Le changement de paradigme avec le Web social poussé à l'extrême est que pour les plateformes, et sans que nous en ayons été informés, l'humain (qu'il soit majeur ou mineur) est passé du statut de fournisseur et/ou d'utilisateur au statut de produit. Le marketing n'a plus pour unique objet de nous vendre des produits qui pourraient nous être utiles, et dont l'obsolescence programmée nous conduirait à vouloir nous en débarrasser le plus vite possible pour le remplacer par un produit encore plus performant.

Nous avons franchi un nouveau cap. Nous sommes le produit que l'on fait miroiter aux annonceurs. C'est la raison pour laquelle l'accès à tous ces réseaux et ces plateformes est gratuit. La gratuité permet d'attirer un maximum de monde. Il n'y a pas de barrière à l'entrée, si ce n'est de disposer d'un terminal : smartphone, ordinateur, tablette, console, enceinte connectée et d'une connexion Internet… parfois en plus de cela, on nous demande de créer un compte pour s'assurer que nous reviendrons bien naviguer sur ladite plateforme, mais à ce stade on ne nous demande jamais d'argent ! Sachant que, dans tous les cas, il y a une absence totale de vérification d'âge.

Cette gratuité est symbolique, car le prix que nous payons à notre insu est la transmission de nos données personnelles. Une chose précieuse pour nous, mais visiblement encore plus pour ces plateformes quand nous mesurons la facilité avec laquelle nous leur communiquons tout ce qu'il faut savoir à notre sujet.

Le modèle d'affaires de ces grandes entreprises du numérique est de comptabiliser le plus grand nombre d'utilisateurs, afin de collecter un maximum de leurs données. Mais à quoi peuvent-elles leur servir exactement ? En quoi est-ce utile de savoir que Léo, 22 ans, a une petite sœur, que ses parents viennent de divorcer, qu'il aime le hard rock, le foot et les tacos, qu'il vient de rompre avec sa petite amie, qu'il habite dans une zone inondable et que le maire de sa commune se présente aux prochaines législatives ?

Plus elles collectent d'informations sur leurs utilisateurs, plus elles créent de la valeur. Savoir si l'utilisateur est un homme, une femme, une personne non binaire, un enfant, connaître son âge, son lieu de résidence, ses goûts culinaires, son origine sociale, ethnique, son orientation sexuelle, sa sensibilité politique... tout est utile. Et tout ce qu'il y a à savoir sur nous est désormais collecté et stocké précieusement sur les serveurs de ces sociétés. Ces informations qui pourraient sembler anodines et non confidentielles valent de l'or. Elles sont parfois revendues, mais elles sont surtout utilisées à des fins commerciales.

Ces données sont très utiles dans le domaine de la publicité. La publicité traditionnelle à la radio et à la télévision, dans la presse ou par affichage, est délaissée au profit de la publicité dite ciblée que proposent massivement les plateformes Internet.

Imaginons que vous êtes à la tête d'une entreprise agroalimentaire. Vous souhaitez lancer un nouveau produit, un yaourt vegan, dont l'onctuosité et le goût ressembleraient à s'y méprendre à un yaourt au lait entier. Vous allez certes miser sur la publicité classique, mais vous allez aussi et surtout consacrer un maximum de votre budget à la publicité sur ces plateformes. En effet, leur niveau de connaissance des consommateurs est bien plus élevé et bien plus précis que celui des opérateurs de télévision ou de radio, ou des instituts de sondage classiques puisque cet échantillon se compte en milliards d'utilisateurs. La collecte des données faite de façon industrielle, et ce quotidiennement, en fonction de l'actualité, de la météo, de la vie politique, etc., leur permet de recueillir un niveau de connaissances extrêmement pointues sur le comportement de leurs milliards d'abonnés utilisateurs, y compris mineurs. Aucun média traditionnel n'est encore capable de cela.

En bon chef d'entreprise, vous ferez l'acquisition d'espaces sur ces plateformes. Ainsi bien exposée sur la plateforme, selon des calculs d'algorithmes précis, votre entreprise pourra vendre au mieux ce nouveau produit en ciblant précisément ceux qu'elle souhaite atteindre. Les consommateurs vegan nostalgiques, ou non, du lait entier. Les mineurs aussi, puisqu'ils seront les consommateurs et responsables des achats de demain. Votre objectif est de vous rapprocher le plus possible de cette cible. De connaître les consommateurs potentiels dans leur plus stricte intimité. C'est la raison pour laquelle, dirigeant de cette entreprise, vous êtes prêt à payer un prix fou pour murmurer à l'oreille de ce consommateur vegan. Votre réaction est saine, c'est celle de tous les annonceurs aujourd'hui, qui entreprennent, créent de la valeur et par conséquent des emplois.

Ce qu'il faut bien comprendre, c'est que du point de vue des plateformes, le yaourt n'est qu'un intermédiaire. Le yaourt n'est que le produit que votre entreprise agroalimentaire souhaite commercialiser et pour lequel vous avez besoin de données stockées par les plateformes. Plus haut dans la chaîne de valeur, le consommateur est devenu le produit commercialisé par la plateforme et le réseau social. C'est ce produit vendu à prix d'or à l'annonceur, qui permet aux entreprises du numérique de générer des milliards. C'est ce trésor de données et d'informations collectées sur ses utilisateurs, qui leur permet d'avoir acquis une puissance financière inégalée dans l'histoire économique de l'humanité.

« Si vous ne payez pas pour le produit. Vous êtes le produit ! » martèle depuis des années Jaron Lanier, un des pionniers de la réalité virtuelle. C'est un des premiers à s'être opposé aux stockages des données par les entreprises[1]. Entreprises qu'il appelle les « *siren server* » en référence aux sirènes de l'odyssée d'Ulysse. Tel Circé, Jaron Lanier nous met en garde contre leurs chants. Au début des années 2000, alors que je travaillais sur un film sur l'industrie du fast-food, j'ai eu l'occasion de le rencontrer à New York et nous l'avions interviewé pour ce documentaire au milieu de ses instruments de musique, car il est aussi un compositeur de talent. À cette époque déjà, ce pionnier du numérique mettait en garde contre les excès de certaines dérives technologiques.

2

Le temps de la récolte

La collecte de données est devenue très sophistiquée. Elle n'est d'ailleurs possible que si l'utilisateur passe un maximum de temps devant son écran, à naviguer dans les applications de son téléphone, sur les plateformes vidéo et sur les réseaux sociaux. Les fils d'actualité sont les chants harmonieux des sirènes, car ils sont une éternelle promesse de bonheur et de nouveauté. C'est ainsi qu'ils sont conçus par des algorithmes de plus en plus complexes, qui se perfectionnent sans cesse grâce au *machine learning*.

Nous avons tous en mémoire d'avoir passé du temps à faire dérouler le fil d'actualité d'une application à l'infini, sans se souvenir si cela avait duré trois minutes ou trois heures. L'*infinite scrolling* (le défilement infini, en français) permet de rendre la quête d'une information, d'une photo, d'un « j'aime », etc. interminable. Puisqu'il n'y a pas de fin programmée. Vous seul pouvez y mettre fin. C'est bien le problème, car tout est fait pour vous en empêcher. Conçu par Aza Raskin, un ingénieur américain, l'*infinite scrolling* a pour but de permettre au navigateur de ne plus avoir à cliquer sur le bouton « page suivante » pour poursuivre son errance numérique. Un gain de temps précieux pour l'utilisateur et un gain de temps passé précieux sur la plateforme, car cela limite le risque de déconnexion.

Faire défiler le plus longtemps possible et le plus souvent possible son fil d'actualité est favorable à une collecte de données complète. Plus nous passons de temps en ligne et plus l'algorithme sera en mesure de nous donner à voir des informations, des photos, des vidéos, sur des thématiques susceptibles de retenir notre attention et nous faire réagir. Nos réactions sont révélatrices de notre personnalité et une excellente ressource à exploiter pour les entreprises. Alors les algorithmes se mettent à alimenter le flux d'actualité de nos réseaux sociaux avec le maximum d'informations avec lesquelles nous sommes susceptibles d'interagir.

Mais pour retenir notre attention et nous faire réagir, il faut des informations attractives ! Qu'elles soient vérifiées, enrichissantes pour notre connaissance, la question n'est pas là. On n'attrape pas les mouches avec du vinaigre. L'algorithme est conçu pour... transformer le vinaigre en miel. Les informations doivent être inédites, les plus attractives et les plus clivantes possible. Les crises sont généralement les plus prisées par les algorithmes et les ingénieurs qui les conçoivent. De ce point de vue nous sommes servis. Crise sanitaire, guerres, conflits sociaux, petites phrases assassines, publicités racoleuses alimentent nos flux d'informations sur nos réseaux sociaux. Ces informations sont volontairement actualisées régulièrement pour que nous soyons toujours face à de la nouveauté, même si cette nouveauté paraphrase ou est une redite d'une information dont nous disposions déjà.

Alors, de voyeurs, nous devenons acteurs. Tel César dans sa loge impériale aux jeux du cirque, nous levons ou baissons notre pouce, nous aimons, nous commentons, en faisant si possible un bon mot, ce qui générera peut-être de nombreuses réactions à notre réaction. On blessera l'autre, mais est-ce grave puisque de l'autre côté nous serons récompensés par des *likes* ? Nous ne manquerons pas de donner notre avis sur tout et rien, car ce qui est formidable c'est qu'aujourd'hui moins on est expert d'un sujet plus on est légitime à donner son avis. Le sketch de Raymond Devos « Parler pour ne rien dire » n'a jamais autant été d'actualité.

Plus besoin de maîtriser la langue française, ou de savoir écrire sans faire de fautes d'orthographe, pour se fendre d'un post magistral donneur de leçons, il suffit d'avoir envie de l'écrire sur son mur. Par chance, ce que l'on dira sera tellement excessif que l'algorithme fera passer ce commentaire ou cette tribune au premier plan, au-dessus de celle du chercheur ou de l'expert décidément bien trop timoré et au vocabulaire trop savant. Ce post sera susceptible de générer encore plus de commentaires, et ce à l'infini. Faire durer la conversation le plus longtemps possible, tel est l'objectif.

Pour cela, l'algorithme s'invite dans toutes les conversations, y compris dans celle que nous avons en messages dits « privés », les fameux MP. Nous ne sommes plus deux, mais trois à converser. « Facebook ressemble au magicien d'Oz : on ne voit pas les êtres humains qui sont impliqués. Lorsque nous visitons le site, nous parcourons les mises à jour de nos amis. La machine semble n'être qu'un intermédiaire neutre. Beaucoup de gens croient encore que c'est le cas », alerte Jaron Lannier.

Ce qu'il y a en plus de plus formidable c'est que contrairement à d'habitude, on ne me demandera pas qui je suis. Ses demandes de confirmation d'identité, de nom, de numéro de sécurité sociale sont jugées trop intrusives. Sur Internet, en plus de raconter n'importe quoi, on peut être n'importe qui, alors pourquoi se priver d'être anonyme ou caché derrière un pseudo ou un avatar ? Voilà notre dopamine au plus haut niveau, et donc après cela il est difficile de se déconnecter même quand l'heure du coucher a sonné.

3

L'industrie de la surveillance

La collecte n'a plus comme seul objectif de savoir ce que nous consommons. Bien entendu, la loi interdit la collecte des données des mineurs, mais ce n'est pas si simple puisque, sur la Toile, personne ne vérifie réellement l'âge des utilisateurs. Le produit le plus recherché en réalité, ce sont les données collectées sur ce que nous sommes et ce que nous pensons ; des données susceptibles d'agir sur notre façon de penser et d'agir. De nous faire acheter un produit, nous venons de le voir, de nous enfermer dans une communauté de pensée, d'actions plus ou moins licites ou violentes, d'affecter notre santé mentale puisque les algorithmes s'invitent dans tout ce que nous faisons et notamment nos interactions sociales.

Plusieurs expériences souvent malheureuses ont démontré combien les réseaux sociaux avaient eu la capacité d'interférer dans les scrutins des pays démocratiques, de pousser les gens à voter, à ne pas voter, à voter pour tel ou tel candidat, à privilégier le candidat le plus excessif dans ses prises de parole et ses actions, à contester en s'auto-alimentant de théorie du complot. Tout est fait pour que nous voyions en priorité ces candidats plutôt que les autres. Le débat de fond n'a plus sa place, comme César nous voulons de la chair, de la sueur et du sang. Plus le débat est fangeux et mieux notre dopamine se porte.

L'affaire Cambridge Analytica est très emblématique. Du nom de la société de conseil en marketing britannique qui permit à l'équipe de campagne du candidat Donald Trump d'accéder à des données de 30 à 70 millions d'abonnés Facebook, à leur insu.

« La communication a changé », nous annonce solennellement Cambridge Analytica sur la page d'accueil de son site. Bien qu'étant une entreprise privée, elle a choisi un nom de domaine en « .org » réservé habituellement aux organisations non gouvernementales et surtout à but non lucratif. C'est habile.

La présentation se poursuit comme suit :

> La publicité globale ne fournit plus un retour sur investissement viable pour chaque campagne. Le *big data* a révolutionné la façon dont les organisations identifient et localisent leurs meilleurs prospects. Mais les données seules ne suffisent pas. Cambridge Analytica construit un avenir où chaque individu peut avoir une relation vraiment personnelle avec ses marques et causes préférées en montrant aux organisations non seulement où se trouvent les gens, mais aussi ce qui les intéresse vraiment et ce qui motive leur comportement.
>
> Chez Cambridge Analytica, nous utilisons la modélisation des données et le profilage psychographique pour élargir les audiences, identifier les influenceurs clés et entrer en contact avec les gens de manière à les faire passer à l'action. Nos ensembles de données uniques et nos techniques de modélisation inégalées aident les organisations à travers l'Amérique à établir de meilleures

relations avec leur public cible sur toutes les plateformes médiatiques.

Tout est dit.

De l'aveu d'Alexander Nix, fondateur de Cambridge Analytica, filmé en caméra cachée dans un film documentaire diffusé sur la chaîne anglaise Channel 4, « les missions de Cambridge Analytica s'étendent à la diffusion volontaire de fausses informations, à l'espionnage d'adversaires politiques, au recours à des prostituées et à la corruption pour manipuler l'opinion publique à l'étranger ». Bien qu'Alexander Nix ait été mis à pied le lendemain de la diffusion de ce reportage, Cambridge Analytica a toujours réfuté les accusations relatives au scrutin américain du 8 novembre 2016, à celui du vote en faveur du Brexit le 23 juin 2016, et aux autres manipulations.

Les entreprises, les partis politiques, les mouvements contestataires ou non n'ont qu'un objectif aujourd'hui : se faire entendre sur cette toile immense qui compte des milliards d'utilisateurs. « Dans l'espace personne ne vous entend crier » telle était la phrase d'accroche du film *Alien* de Ridley Scott. C'est ce qu'ont bien compris les entreprises telles que Cambridge Analytica et les plateformes. Elles vendent ce rêve fou de parler, d'influencer et de contrôler personnellement les milliards d'individus présents sur la toile.

Le capitalisme est désormais fondé sur l'économie de l'attention et l'économie de la surveillance. Ce sont les piliers du modèle d'affaires de la plupart de ces entreprises. Ce modèle est la promesse pour les annonceurs qu'ils feront plus de profit, aux foules contestataires qu'elles pourront se faire entendre, aux leaders politiques sans partis de réinventer la politique, et ce, grâce aux données humaines.

Nous l'avons vu, les piliers des stratégies des géants du Web sont :

– l'engagement : faire en sorte que nous nous abonnions. La gratuité de ce point de vue est un accélérateur ;

– la croissance : faire en sorte que l'abonné soit le plus souvent connecté et se servir de lui comme ambassadeur de la plateforme. En tête, les influenceurs ;

– la publicité : générer le plus de revenus possible lorsque nous sommes en ligne.

4

Chacun dans son monde

Les réseaux sociaux ont une forte incidence dans notre vie privée, mais également dans notre vie démocratique. Lors de leur création, les réseaux sociaux proposaient un fil d'actualité commun à tous les utilisateurs. Puis les ingénieurs ont souhaité introduire des différences en fonction des données dont ils disposaient : le lieu de résidence, le sexe, l'âge, les origines, etc. Bingo ! Plus les données étaient précises, plus l'engagement des utilisateurs se confirmait.

Aujourd'hui nous avons des fils personnalisés. Chacun vit dans un monde différent de son voisin, et ce sont les algorithmes qui décident de les faire correspondre et du moment le plus opportun pour cela. C'est un peu comme s'il existait 2,7 milliards de versions du *Truman Show*. Chacun vit dans sa propre bulle, avec ses propres faits, sa propre réalité.

Ce qui est perturbant c'est qu'avec le temps, et à force de s'enfermer dans des bulles communautaires, nous avons l'impression de vivre dans un monde où tout le monde s'habille comme nous, mange comme nous, vit au même endroit que nous, fait le même travail que nous, pense comme nous. Nous finissions par penser que *tout le monde* est d'accord avec nous puisque c'est ce que vous dit chaque jour votre fil d'actualité. Tout le monde y a un avis similaire au vôtre. Une fois dans cet état d'esprit, il est facile de nous manipuler, et encore plus les enfants et les adolescents. Les réseaux sont de ce point de vue là des devins qui prévoient tout en avance et qui choisissent avant vous ce que vous allez choisir. Un peu comme l'Oracle de *Matrix*. L'Oracle est un personnage puissant. Il est incarné par une femme noire d'un certain âge qui fume des cigarettes et confectionne des cookies. Rien à voir avec les cookies dont nous refusons la présence en allant sur un site, même s'il faut y voir un clin d'œil appuyé ! On comprend assez vite que ce personnage aux allures de grand-mère très sage n'est pas devin, mais qu'elle est en fait un programme informatique intégré dans la Matrice. Le pouvoir de voyance s'appuie sur des calculs mathématiques, et non sur une connaissance d'un futur prédéterminé. Le personnage de l'Architecte, concepteur de la Matrice, finira par révéler la vérité à Neo : l'Oracle n'est qu'un « programme conçu pour comprendre la psychologie humaine » permettant ainsi à la Matrice de s'adapter à la majorité de la population humaine. Elle présente une capacité à prédire les événements directement liés à la nature et/ou à la programmation de la Matrice, et des réactions humaines naturelles fondées sur ses connaissances dans ce domaine. C'est un concept qui nous est de plus en plus familier.

Avec ses fils d'actualité personnalisés, chaque personne s'informe avec des faits différents. S'informer sur la base de sources différentes est sain, mais ce n'est pas de cela qu'il s'agit ici. Il s'agit de faits différents en fonction de chacun des internautes. C'est ce qu'explique très bien Rashida Richardson, professeure à NYU et au sein de IA Now Institute. Lorsque ce phénomène se produit à grande échelle, cela a pour conséquence de nous rendre incapables de comprendre une information ou une opinion contraires aux nôtres. Nous devenons totalement imperméables, quand ce n'est pas réfractaires, aux idées des autres et aux autres visions du monde. Cela signifie que nous ne voulons plus faire société, nous ne voulons plus être des individus objectifs et encore moins constructifs. Au lieu d'avoir tort, l'autre devient au mieux un abruti, ou au pire un ennemi à abattre. Abruti, forcément, car nous ne pouvons pas imaginer que l'autre, s'il est normalement constitué et muni des informations dont nous disposons, ne puisse pas être en mesure de raisonner de la même façon que nous. Mais cela est devenu impossible puisque les informations et les faits dont il dispose ne sont pas les mêmes et disent parfois strictement le contraire.

5

L'impossible vérité

La notion de vérité devient donc impossible. La polarisation personnelle et politique est à son plus haut niveau depuis vingt ans. Chaque militant politique considère que le camp adverse est une menace. Il n'est donc pas étonnant de voir se radicaliser des mouvements politiques ou d'intérêt général.

Nous l'avons évoqué précédemment, le marché de la publicité est en pleine refonte, car le mouvement de migration des budgets vers les plateformes au détriment des médias historiques s'accélère. Les chaînes d'information en continu, dont le modèle économique est fragilisé, misent, elles aussi, sur la tentation de l'information la plus « racoleuse » possible, en puisant une partie de son inspiration dans les thématiques identifiées sur le Web comme étant celles qui génèrent le plus de discussion et d'interaction. Chaque ligne éditoriale se spécialise pour parler à sa cible et choquer le camp adverse.

L'ingénieur français Guillaume Chaslot, qui fut en charge de la recommandation chez YouTube, confirme que l'algorithme contribue à la polarisation de la société. Du point de vue du temps passé derrière l'écran, la polarisation est très efficace pour garder les gens le plus longtemps possible.

Cette impossible vérité s'invite désormais à l'école. Les professeurs sont de plus en plus souvent mis au défi par leurs élèves ou leurs étudiants, quand ce n'est pas les parents d'élèves dont les interventions sont de plus en plus fréquentes. Aiguiser son esprit critique et confronter ses idées avec ses professeurs fait partie de l'instruction. Mais là encore, ce n'est pas de cela qu'il s'agit.

Les élèves ou étudiants vont jusqu'à contester des faits établis, reconnus scientifiquement ou historiquement. Leurs arguments viennent souvent de sites alternatifs dont les informations sont douteuses, mais qui bénéficient grâce aux algorithmes d'une publicité incroyable et de communautés importantes.

Comment enseigner sereinement dans ces conditions ? L'éducation aux médias, à l'information et à la citoyenneté numérique est une réponse. Nous y reviendrons.

L'idée que les algorithmes seraient des amis imaginaires à notre service est très répandue. Un peu à l'image, plaisante, d'un Jiminy Cricket, au fait de nos goûts et de nos envies en temps réel. Mais c'est encore loin d'être la réalité.

Les algorithmes sont conçus par des ingénieurs qui sont au service du modèle d'affaires de l'entreprise qui les emploient. Une fois compris cela, il devient évident que l'algorithme est un faux ami. Il est programmé pour nous faire tomber dans un *rabbit hole,* au plus profond des applications, des sites Web par le biais d'enchaînements, liés à des recommandations pour nous maintenir en ligne. Si vous lancez une vidéo, d'autres identiques s'enchaîneront ensuite et ce jusqu'à l'infini si vous ne décidez pas à un moment de vous déconnecter.

Ces terriers n'ont rien à envier à celui dans lequel est tombée Alice. Ils symbolisent, comme nous l'avons vu, un chemin d'exploration long et sinueux avec de nombreuses connexions et ramifications. Le *rabbit hole* est souvent utilisé pour décrire les activités en ligne.

À l'image d'une terre sauvage ou vierge, Internet n'est pas un terrain de jeu plat et lisse. Il est truffé de terriers dans lesquels nous pouvons passer des heures à errer comme Alice et à y faire des rencontres plus ou moins malencontreuses. Désinformation, les discours de haine sont de celles-là.

6

Influenceurs, algorithmes et recommandations

Après être tombées dans ces *rabbit holes*, certaines personnes, et elles se comptent par centaines de milliers, se sont persuadées par exemple que la Terre est plate et l'affirment haut et fort. Souvent le processus est simple : il suffit d'avoir consulté une vidéo, vous emmenant à l'infini des vidéos dont le propos est que la Terre est plate. Et très vite, vous vous convainquez que ce que vous venez d'entendre à grand renfort d'arguments est vrai. C'est ainsi que la communauté des platistes croît de jour en jour. L'algorithme qui grâce au *machine learning* devient de plus en plus puissant chaque jour peut potentiellement, s'il n'est pas reconfiguré, convaincre des millions de gens que la Terre est plate.

Sur ces plateformes, les algorithmes sont là pour générer le plus de temps passé par utilisateur. Ils ont donc la capacité de collecter un maximum de données et d'influencer nos comportements. Les algorithmes sont programmés pour ne pas nous perdre, ne pas nous laisser nous déconnecter. Nous nous voyons donc proposer quelque chose, des produits, des films, des morceaux de musique, des vidéos, sans que le contenu soit passé en revue sur le plan déontologique et éthique. Les systèmes de modération actuels ne peuvent vérifier les milliards de contenus téléchargés par minute dans le monde entier.

C'est la raison pour laquelle, sur la base de ce raisonnement, les algorithmes recommandent indistinctement des contenus aux utilisateurs en fonction de leurs comportements. Si vous appartenez par exemple à un groupe anti-vaccins, il est fort probable que l'on vous recommande un groupe ou des contenus à tendance conspirationniste. C'est ainsi que sont nées la désinformation de masse et l'ère de l'impossible vérité.

Les groupes qui se constituent sur les réseaux sociaux s'auto-alimentent et s'auto-convainquent que leurs théories, même fausses, sont vraies. C'est leur réalité. Les réseaux sociaux exacerbent la rumeur.

Nous le savons maintenant, et notamment grâce à de nombreuses études, en particulier celle réalisée en 2013 par trois chercheurs du MIT, Soroush Vosoughi, Sinan Aral et Deb Roy, sur le réseau social Twitter la désinformation se propage deux fois plus rapidement que les informations vérifiées. Il n'y a plus du tout d'équilibre entre les informations. « Le mensonge » a une capacité de diffusion plus large, plus profonde et plus rapide que « la vérité », quelle que soit la catégorie ou la thématique des informations.

« Ces résultats jettent un nouvel éclairage sur les aspects fondamentaux de notre écosystème de communication en ligne », déclarait à l'époque Deb Roy, professeur agrégé d'arts et de sciences médiatiques au MIT Media Lab et directeur du Laboratory for Social Machines (LSM), co-auteur de l'étude. L'étude a mis en lumière notre esprit moutonnier. Elle a démontré en effet que la diffusion de fausses informations n'est pas due à des robots programmés pour diffuser des histoires inexactes, mais à notre panurgisme. La désinformation se propage plus rapidement sur Twitter en raison des retweets. Nous aurions tendance à plus retweeter une fausse information, plutôt qu'une information vérifiée. « Lorsque nous avons supprimé tous les bots de notre ensemble de données, les différences entre la propagation des fausses et des vraies nouvelles se sont maintenues », explique Soroush Vosoughi co-auteur de l'étude. En effet les fausses informations sont 70 % plus susceptibles d'être retweetées. Il faut également environ six fois plus de temps pour que les informations vérifiées atteignent 1 500 personnes. En ce qui concerne les chaînes de retweet ininterrompues, les fausses informations atteignent une profondeur de cascade de 10 à 20 fois plus rapide que les faits. Et les fausses informations sont retweetées par des utilisateurs uniques plus largement que les déclarations certifiées à chaque niveau de cascade.

Le corpus de l'étude implique notamment les attentats à la bombe du marathon de Boston en 2013 et les victimes de ce drame. Cette tragédie avait reçu une attention massive. Twitter est devenu la principale source d'information des Américains sur ce sujet, mais au lendemain des événements tragiques, force a été de constater qu'une bonne partie des informations présentes sur les réseaux sociaux étaient des rumeurs ou de fausses informations.

Par la suite, les trois chercheurs ont décidé d'identifier objectivement les informations comme vraies ou fausses et de monitorer leurs trajectoires sur Twitter. Ancien manager chez Twitter de 2013 à 2017, Deb Roy a pu obtenir l'accès aux archives historiques de la plateforme pour la réalisation de l'étude.

Pour la mener à bien, les chercheurs ont suivi environ 126 000 cascades d'actualités diffusées et cumulativement tweetées plus de 4,5 millions de fois par environ 3 millions de personnes, entre 2006 à 2017. Pour déterminer si les histoires étaient vraies ou fausses, l'équipe a utilisé les évaluations de six organisations de vérification des faits (factcheck.org, hoax-slayer.com, politifact.com, snopes.com, truthorfiction.com et urbanlegends.about.com). Ils ont vu que leurs constats se chevauchaient plus de 95 % du temps. Sur les 126 000 cascades, la politique constituait la plus grande catégorie des actualités, avec environ 45 000 cascades, suivie des légendes urbaines, des faits divers, du terrorisme, de la science, du divertissement et des catastrophes naturelles. La propagation des fausses informations était plus prononcée pour les informations politiques que pour les autres catégories.

Les résultats finaux produisirent une question fondamentale : pourquoi les mensonges se propagent-ils plus rapidement que la vérité, sur Twitter ? Sans doute parce que l'effet de la nouveauté est plus fort que la vérité.

Sur les réseaux sociaux, les personnes qui sont les premières à partager un contenu sont celles qui sont le mieux perçues et considérées comme étant des « leaders d'opinion », des influenceurs. C'est la raison pour laquelle c'est la prime au tweet et retweet d'informations nouvelles, au risque bien entendu qu'elles soient fausses puisqu'il n'est pas question de prendre le temps de vérifier l'information. Les chercheurs du MIT ont examiné cette « hypothèse de nouveauté » dans leur étude en prenant un sous-échantillon aléatoire d'utilisateurs de Twitter qui ont propagé de fausses informations et en analysant le contenu des réactions à ces histoires. Ils ont observé un profil émotionnel différent en fonction de la véracité des informations. Les gens réagissent davantage aux fausses informations avec surprise et dégoût, alors que les faits avérés ont produit des réponses plus généralement caractérisées par la tristesse, l'anticipation et la confiance.

Il est important de réfléchir aux moyens de limiter la propagation de la désinformation. L'étude démontre qu'il existe deux phénomènes. Certaines personnes diffusent délibérément de fausses informations tandis que la majorité le fait involontairement. Cela suppose donc deux approches pour endiguer le fléau de la désinformation. Cette étude a été déterminante quant à la nécessité d'avoir un juste équilibre entre les informations. Une balance, capable de réguler notre façon d'agir. Elle facilite certaines attitudes et en complique d'autres. Le libre arbitre est toujours de mise, mais de moins en moins de monde l'utilise. À l'échelle de la planète entière, cela a changé le comportement de milliards de personnes.

Cette étude a officialisé le fait que le système favorise clairement la désinformation, avec un coup de pouce lié à notre instinct primaire, qui préfère la nouveauté, même quand elle véhicule des informations erronées. L'étude a marqué un tournant dans notre compréhension des réseaux sociaux. Le fait que Twitter partage ses données avec le monde de la recherche a été essentiel. Ces initiatives doivent être reproduites pour permettre une transparence réelle des algorithmes.

J'entends déjà ceux qui me disent régulièrement qu'ils sont plus forts que ces algorithmes, et que jamais rien ni personne ne peut et ne pourra les influencer. C'est peut-être vrai pour eux, même si on peut en douter, mais cela ne l'est absolument pas pour leurs enfants. Quand bien même seraient-ils très à l'aise avec les outils numériques, de « vrais petits génies de l'informatique, des geeks », comme aiment à considérer leurs parents et leurs grands-parents.

La raison : le cerveau des enfants est en construction et c'est pour cela que l'exposition d'un enfant ou d'un adolescent aux écrans doit être supervisée.

La vérité est ennuyeuse. Moins les messages sont réglementés, plus les profits sont élevés. Cela devient une plateforme où gagne le plus offrant.

7

La persuasion massive

Les politiques, les représentants d'organisations et de syndicats utilisent désormais les réseaux sociaux et les plateformes de vidéos pour s'adresser directement à leurs électeurs et potentiels électeurs, et plus généralement se faire connaître ou entendre. Plusieurs exemples ont démontré combien cela peut s'avérer d'une efficacité redoutable.

L'exemple de la Birmanie est riche d'enseignement : l'organisation non gouvernementale Amnesty International a publié fin septembre 2022 un rapport circonstancié, qui pointe le rôle de catalyseur joué selon elle par Facebook dans les massacres de Rohingyas en Birmanie en 2017. Massacres, viols, tortures, le bilan est extrêmement lourd. Plus de 700 000 d'entre eux ont été contraints de fuir pour se réfugier au Bangladesh où ils vivent de façon misérable dans des camps. Dans ce pays, Internet se confond avec Facebook. Pour de nombreux Birmans, le réseau social était l'unique service Internet accessible. Il était souvent pré-installé lors de l'achat de smartphones dans ce pays. Amnesty International et des groupes de réfugiés affirment que les algorithmes de Facebook ont encouragé la propagation de discours de haine, faute d'une modération suffisante. Ils réclament aujourd'hui une indemnisation. L'histoire nous dira si Meta, qui assure coopérer à l'enquête, sera tenue responsable par la justice de ces exactions atroces.

Les mouvements de propagande existent depuis toujours. Mais les plateformes et les réseaux sociaux permettent un développement ultrarapide. Tous les acteurs des conflits récents l'ont bien compris, de la Birmanie, à l'Ukraine en passant par la Syrie. Dans le domaine de la santé, les apprentis sorciers ou charlatans l'ont eux aussi bien compris. La crise du Covid-19 a été le théâtre de propagandes en tous genres, y compris gouvernementales dans certains pays comme le Brésil et les États-Unis notablement.

Au sein des démocraties les plus anciennes, le problème se pose également, comme nous venons de le voir. Grâce à ces outils qui peuvent s'avérer redoutables, les politiciens les moins scrupuleux sont devenus experts en manipulation mentale. Ils arrivent à créer des fausses informations de plus en plus réalistes.

Pire que le contrôle de l'humanité par les machines, ne devrions-nous pas craindre de vivre dans un monde où la notion de vérité aurait disparu ? Un monde où personne ne voudrait y croire, un monde où la vérité aurait été remplacée par l'opinion, poussant à l'extrême le principe de liberté d'expression. Un monde où tout le monde serait persuadé que le gouvernement lui ment, que les élus lui mentent, que les chercheurs lui mentent, que les enseignants lui mentent…

Un monde où le conspirationniste serait roi et où celui ou celle qui penserait différemment serait devenu la femme ou l'homme à abattre au sens propre comme au figuré ?

La crise de confiance dans la démocratie est bien présente. Chaque scrutin, qu'il soit national ou local, vient le confirmer. La notion d'autorité est de ce fait mise à mal. On ne compte plus de nombre d'agressions d'élus locaux. D'ailleurs les principaux pays touchés par la désinformation sont ceux qui organisent des élections démocratiques. La désinformation favorise les partis d'extrême droite et d'extrême gauche, car ils ont bien compris l'enseignement d'Arthur Schopenhauer pour toujours avoir raison. L'art de la controverse, de la dialectique éristique sur laquelle s'est penché le philosophe allemand trouve son origine « dans la base même de la nature humaine. Sans celle-ci, l'homme serait foncièrement honorable et ne débattrait sans autre but que la recherche de la vérité, et nous serions indifférents, ou du moins n'accorderions qu'une importance secondaire quant au fait que cette vérité desserve les opinions par lesquelles nous avions commencé à discourir ou serve l'opinion de l'adversaire. Cependant, c'est ce dernier point qui nous est primordial. La vanité innée, particulièrement sensible à la puissance de l'intellect, ne souffre pas que notre position soit fausse et celle de l'adversaire correcte. Pour s'extraire de ce comportement, il suffit de formuler un jugement correct : cela revient à dire qu'il faut réfléchir avant de parler. Mais la vanité innée est souvent accompagnée par la loquacité et une mauvaise foi innée. Ils parlent avant de réfléchir, et même lorsqu'ils se rendent compte plus tard que leur position est fausse, ils essaieront de faire en sorte de paraître que ce n'est pas le cas. L'intérêt dans la vérité qu'on aurait pu croire leur seul motif lorsqu'ils déclarèrent leur proposition vraie, doit céder le pas à l'intérêt de la vanité : la vérité est fausse et ce qui est faux paraît vrai[1] ».

L'industrie des nouvelles technologies a signé l'arrêt de mort de la dialectique, a fabriqué les outils pour ne plus réfléchir et déstabiliser les fondements de notre capacité à débattre, et par là même les fondements de nos sociétés. L'impossible vérité en politique, dans le domaine des sciences, mais aussi dans le domaine de l'éducation rend tout dialogue impossible. Faire société suppose donc de revenir à une réalité commune.

Face à cette technologie surpuissante, la question est de savoir si nous sommes en mesure de nous adapter. La technologie change de manière exponentielle. Entre 1960 et nos jours, la puissance des processeurs, plus précisément leur puissance de calcul, a augmenté de 100 milliards. Aucun des objets que nous possédons n'a augmenté sa puissance de fonctionnement de façon aussi fulgurante. Selon Randima Fernando, créateur du Center for Humane Technology, notre physiologie et notre cerveau n'ont évolué que de façon marginale en comparaison..

L'ingénierie génétique a bien augmenté, elle, et est en mesure de nous apporter sa compétence. Nous pourrons faire appel à l'ingénierie génétique par exemple, mais il faut bien être conscient que c'est un match déséquilibré qui se joue aujourd'hui. La lutte entre notre cerveau, un ordinateur de plusieurs millions d'années, contre des milliers d'ingénieurs équipés de processeurs superpuissants. Nous nous battons contre leur création, ou leur créature, selon le point de vue qui est le nôtre : l'intelligence artificielle. L'IA sait tout de nous grâce aux algorithmes, nous ne savons que trop peu d'elle, ou plus exactement nous sommes trop peu nombreux à avoir des informations sur elle. Le combat est de ce point de vue déloyal. Nul ne sait aujourd'hui qui en sortira vainqueur, même si mon optimisme immodéré veut miser sur le cerveau humain... et sur Neo ou Sarah Connor.

8

La révolution de l'IA

Dans l'imaginaire collectif, l'intelligence artificielle, l'IA, tente de prendre le contrôle de l'humanité. La plus emblématique d'entre elles étant Skynet, une super-intelligence artificielle fictive. Créé par Cyberdyne Systems pour SAC-NORAD, qui sert de force antagoniste dans la série de longs-métrages *Terminator* du réalisateur James Cameron. Lorsque Skynet a pris conscience de sa propre existence, les humains ont essayé de le désactiver, l'incitant à riposter par une attaque nucléaire : le Jour du jugement. John Connor forme une résistance humaine contre les machines de Skynet dans le futur, qui incluent les Terminators, et mène finalement la résistance à la victoire. Tout au long de la série de films, Skynet renvoie divers modèles de Terminator dans le temps pour tuer Sarah Connor, avant qu'elle ne conçoive John Connor, son fils, devenu héros de la résistance dans le futur, et assurer ainsi la victoire de Skynet.

Sans sombrer dans un délire paranoïaque, il est aujourd'hui important de mieux comprendre ce qu'implique l'intelligence artificielle, de prendre conscience de ce qui se joue. L'IA n'est pas une chose abstraite et encore moins un être doté de la pensée et de la raison.

Du moins pas à ce stade. Elle est conçue par l'homme pour répondre à ses besoins, mais, *machine learning* oblige, elle échappe parfois à ceux qui la conçoivent. L'IA est loin de tout contrôler, mais elle dirige certains pans non négligeables de nos vies. La preuve étant les milliers de serveurs qui occupent les sous-sols des entreprises ; connectés entre eux grâce à des programmes sophistiqués, ils s'envoient des informations en continu. L'IA n'est pas seule, elle est faite d'algorithmes.

Selon la mathématicienne et *data scientist* américaine Cathy O'Neil, les algorithmes sont des opinions sous forme de code : « Nos propres valeurs et désirs influencent nos choix, dès que nous choisissons de collecter telle ou telle donnée pour répondre aux questions que nous posons. Les algorithmes sont des opinions ancrées dans les mathématiques[1]. »

Contrairement à une autre idée répandue, les algorithmes ne sont pas objectifs. Ils sont optimisés pour répondre à une certaine définition du succès. Le succès de l'entreprise. Ils sont développés dans un objectif de venir en soutien du développement de l'entreprise pour laquelle ils sont conçus. Grâce au *machine learning*, les algorithmes s'affinent, et deviennent de plus en plus performants. Ils vont chercher les éléments pour permettre que l'utilisateur reste un maximum de temps connecté. L'algorithme se met donc à vivre sa propre vie. Cathy O'Neil s'est penchée sur la manière dont les modèles mathématiques, les algorithmes, peuvent augmenter les inégalités sociales et être une menace pour les démocraties comme nous venons de le voir, car bien que développés le plus souvent avec de bonnes intentions, ils créent une boucle de rétroaction négative qui semble punir les pauvres et les empêche de sortir de la pauvreté. Malheureusement, les conséquences négatives ne sont pas décelables facilement, car nous n'avons souvent aucune possibilité de comprendre leur fonctionnement. Quant aux entreprises qui les utilisent, soit elles n'ont pas conscience des conséquences, soit elles feignent de les ignorer au profit de leur rentabilité. Cathy O'Neil appelle à un changement radical pour reprendre le contrôle des algorithmes afin qu'ils ne deviennent pas des *armes de destruction mathématique.* Elle nous donne le moyen de les repérer grâce à ces trois éléments : l'« opacité », l'« échelle » (mondiale) et les « dégâts » qu'ils engendrent.

Si le système n'est maîtrisé que par très peu de personnes, qui elles-mêmes peuvent être dépassées ; si par ailleurs, la machine incontrôlable est la seule à contrôler les informations auxquelles nous avons accès, la machine est en position de contrôle.

La perte du contrôle de ces systèmes est un aveu d'échec et un premier pas vers le contrôle de notre espèce par la technologie. Un premier pas vers ce moment tant redouté et fantasmé où les technologies surpasseront la force et l'intelligence humaine.

La période qui est la nôtre pourrait être une étape intermédiaire si nous ne prenons pas garde et que nous ne mettons pas en place une régulation efficace. Car force est de constater qu'une importante partie de l'innovation de ces dernières années ne s'est employée qu'à exploiter nos faiblesses. La technologie met au jour le pire de notre nature humaine, en détournant notre attention des vraies préoccupations et des problématiques. La technologie a été conçue ainsi. C'est l'homme qui, à des fins mercantiles, lui a donné ce pouvoir. Dépendance, polarisation, indignation, populisme, radicalisation, vanité, culte de soi, tous nos mauvais penchants sont exploités par les algorithmes des plateformes de réseaux sociaux. De ce point de vue, les dégâts sont déjà colossaux. La vraie menace est finalement notre côté obscur.

Sachant cela, on comprend mieux la position du pionnier de la réalité virtuelle Jaron Lanier, qui considère que si aucune mesure n'est prise, dans vingt ans, notre civilisation se détruira par pure ignorance, et parce que nous serons passés à côté de l'objectif qui devrait collectivement et principalement être le nôtre : sauver la planète. Nos démocraties se transformeront en régimes autocratiques. L'économie mondiale s'effondrera. La crise existentielle profonde que nous traversons devrait nous faire réagir selon lui. Sommes-nous la dernière génération de personnes qui saura ce que c'était de vivre avant que cette grande illusion ne soit mise en place ? Comment sortir de la Matrice et de l'emprise de Skynet alors que l'on n'a pas conscience qu'ils existent ?

Quatrième partie

Parents 4.0

« Un enfant n'a jamais les parents dont il rêve. Seuls les enfants sans parents ont des parents de rêve. »

Boris Cyrulnik

Conflits de générations, conflits culturels, conflits d'expériences marquent inévitablement les différences et organisent l'appartenance générationnelle. De tout temps, il a été difficile d'être parent. Le malaise des adultes face aux enfants et aux adolescents est aujourd'hui amplifié par l'évolution de notre société, de la famille, et la prédominance des technologies dans notre quotidien.

La citation de Boris Cyrulnik est là pour rappeler que nous ne sommes pas parfaits. Dès qu'il s'agit de nos enfants, nous essayons de bien faire et nos actions, sauf exception, sont motivées par de bons sentiments. Alors, loin de moi l'idée de culpabiliser qui que ce soit. Compte tenu de l'enjeu qui nous intéresse ici, le bien-être de nos enfants, il me semble cependant important de revenir aux fondamentaux et d'évoquer certaines pratiques avec la franchise amicale qui s'impose.

Les parents d'aujourd'hui sont les enfants d'hier. Depuis, la notion d'autorité a beaucoup changé. La vie des enfants dépend toujours des parents, mais l'autorité parentale est remise en cause. Pourquoi souscrire au diktat des règles établies ? Avons-nous réellement besoin d'un chef ? Les adultes en débattent régulièrement, aux niveaux sociétal, politique et professionnel ; mais la question se pose désormais aussi au sein de la famille. Les enfants s'inscrivent en faux vis-à-vis de l'adulte qui ne maîtrise pas la technologie, qui ne se préoccupe pas du bien commun et de notre héritage environnemental. Comment considérer une génération entière d'adultes qui ne maîtrise pas du tout la technologie et qui est incapable de prendre soin de la planète ? Cette défiance ne concerne pas uniquement les parents. Les élèves défient aussi les professeurs et l'autorité en général.

Malgré ce qu'ils peuvent en dire, les enfants, mais aussi les adolescents, ont besoin des parents pour les protéger des dangers, besoin d'une figure tutélaire pour les limiter et les guider sur un chemin favorable pour eux, et ce particulièrement quand il s'agit du numérique. Les écrans sont omniprésents, y compris chez les enfants et chez les adolescents. 89 % des enfants ont accès à un smartphone ou une tablette quand ils ont entre 7 et 12 ans, la plupart du temps ce smartphone a été acheté ou transmis par leurs parents. L'accès à une connexion rapide et à des outils numériques de dernière génération se banalise malgré le prix élevé de ces appareils. C'est ce qui explique le nombre croissant d'appareils par foyer, et le fait que les pratiques numériques solitaires dès le plus jeune âge (jeux vidéo, séries, vidéos courtes sur YouTube et réseaux sociaux).

La plupart du temps, ces pratiques se font sans que les parents tiennent compte de l'âge prescrit par la signalétique des contenus proposés et sans que soit considérée la sensibilité de l'enfant.

1

L'exemplarité

Les enfants ont une immense capacité d'observation et d'analyse. Les réponses que nous apportons à leurs questions conditionnent leur appréciation du monde. De ce fait, les parents que nous sommes deviennent le premier exemple à suivre, la référence de leurs enfants, leurs premiers *influenceurs*. C'est une lourde responsabilité dont nous ne pouvons nous affranchir et c'est la raison pour laquelle nous devons éviter de nous retrouver en situation de contradiction. Un exemple que nous avons déjà tous expérimenté : demander à un enfant qui est en train de crier d'arrêter de crier, en criant soi-même ! Eh bien, pour le numérique, il en va de même, et nous allons voir que nous avons quelques progrès à faire notamment, quant au temps passé devant nos écrans.

En 2021, NordVPN, une société prestataire de réseau privé virtuel (VPN), a réalisé une étude dans plusieurs pays d'Europe sur le temps de connexion des utilisateurs. La France n'échappait pas au constat accablant. Les Français passent en moyenne 27 années, 7 mois et 9 jours de leur vie en ligne, pour une durée de vie d'environ 82 ans. Soit le tiers de notre vie. En comparaison, l'étude a pu constater que les Espagnols passaient en moyenne 28 ans, 9 mois et 10 jours de leur vie en ligne, tandis que les Allemands passent 24 ans, 8 mois et 14 jours en ligne.

Les Français passent en moyenne plus de 56 heures sur Internet par semaine, soit 122 jours par an, ce qui représente 4 mois. Sur ces 56 heures, 20 heures seraient consacrées au travail, tandis que les 36 heures représentent notre temps libre passé en ligne.

Au total, nous passons plus de 6 heures sur les réseaux sociaux. Nous adorons regarder des séries et des films sur les plateformes de streaming. Nous pouvons y passer jusqu'à 6 heures et 18 minutes par semaine. Nous consacrons plus de 4 heures à YouTube et au visionnage de vidéos en ligne.

Nous aimons aussi beaucoup la musique, et passons plus de 3,5 heures par semaine sur les plateformes dédiées à l'écoute musicale.

Près de 3 heures de notre temps sont consacrées à la recherche en ligne. 2,5 heures de notre temps sont dédiées aux jeux en ligne. Enfin, 2,5 heures pour les tâches administratives, telles que l'utilisation des applications bancaires, par exemple.

Ces chiffres nous confirment que nous passons beaucoup trop de temps devant nos écrans. De ce fait, nous sommes loin de donner le bon exemple d'une consommation saine, raisonnable et raisonnée de leur usage. Selon une étude de Médiamétrie, seulement 35 % des parents interrogés se disent prêts à agir sur leurs propres pratiques pour donner l'exemple. D'adapter leur comportement face aux écrans pour 29 % et pour seulement 16 % d'éviter d'utiliser son smartphone devant l'enfant.

Cette réaction revient à adopter une approche du numérique plus saine pour nos enfants, mais sous réserve de devoir changer nos propres habitudes. Alors qu'il est évident que si nous ne changeons pas, les règles que nous pourrons établir pour nos enfants seront fragilisées. Le changement est souvent vécu comme un sacrifice pour beaucoup de parents, surtout pour ceux qui assument le fait d'être hyperconnectés. Il faut bien reconnaître que selon l'étude menée par Opinion Way en novembre 2018, 47 % des salariés restent connectés le soir après le travail, 45 % le week-end, et 66 % des jeunes salariés se connectent en soirée. Être exemplaire dans ce domaine implique de s'appliquer à soi-même les conseils que nous prodiguons à nos enfants. Le chemin à parcourir semble donc immense. Mais ce n'est pas insurmontable, surtout si cet effort se fait collectivement.

Nous devons adapter l'éducation que nous prodiguons à nos enfants. L'éducation numérique est devenue indispensable. Nous devons être plus impliqués, et ce dès le plus jeune âge de nos enfants, cela évitera notamment que les discussions autour de ces sujets se transforment en conflits quand les enfants seront plus grands. Les parents doivent jouer un rôle plus actif dans la limitation de l'utilisation des appareils numériques par leurs enfants qui y passent environ près de quatre heures par jour. C'est évidemment beaucoup trop. Certaines limites pourraient empêcher les enfants de tomber dans des habitudes nocives. Nous devons définir pour nos enfants (et pour nous-mêmes), une longue période quotidienne hors connexion afin qu'ils ne soient pas distraits par les appareils qui les entourent. Cela tombe bien, les smartphones sont interdits à l'école. Mais les tablettes servent parfois de supports pédagogiques. Cela suppose dans ce cas de supprimer toutes les notifications et surtout de ne tolérer aucune application non essentielle au programme pédagogique.

Les téléphones peuvent être utiles pour se rendre seul à l'école et en revenir, mais ils doivent être enfermés pendant le temps scolaire afin que les élèves puissent accorder toute leur attention aux enseignants et à tout ce qui fait la richesse de la vie scolaire.

Vouloir que son enfant soit joignable et géolocalisable à chaque instant de la journée favorise l'avancée de l'arrivée du smartphone ou de la montre connectée dans leurs vies. Gare à l'enfant qui ne répondrait pas dans la seconde quand on tente de le joindre ! La connexion permanente est devenue la norme dans les familles, alors qu'elle commence à ne plus l'être dans le monde du travail qui s'impose des chartes du temps, pour justement laisser place à la déconnexion pour les salariés.

En famille c'est l'inverse, les enfants doivent constamment être disponibles de même que les parents. Dans ce contexte, la moindre séparation engendre un pic de connexion. Qu'il s'agisse d'une séparation liée à la semaine de classe découverte, au week-end chez les grands-parents, à l'après-midi chez les copains ou tout simplement le fait de se rendre à l'école. L'enfant est sommé d'être joignable à chaque instant pour répondre à l'angoisse des parents. Angoisse qui se transmet aux enfants. Cette surconnexion devient anxiogène. Et si nous tombons sur le répondeur, c'est la machine à scénarios catastrophes qui se met en branle. Nous nous mettons à imaginer le pire. Il est vrai que le pire peut arriver, les faits divers dont nous abreuvent les chaînes d'information en continu sont là pour le rappeler, mais la probabilité que cela se produise dans des proportions généralisées est faible. Nous devons revoir à la baisse notre exigence de connexion à toute heure pour ne pas causer une angoisse supplémentaire aux enfants. La peur du drame engendre un drame en cas de non-réponse immédiate. La connexion permanente affecte également nos retrouvailles, puisque nous ne nous sommes pas quittés. Le récit de ce qui s'est passé durant cette absence devient secondaire et passe souvent à la trappe. Ce moment de dialogue autour du récit de la journée écoulée tend à disparaître. C'est regrettable, car ce moment est structurant pour nos enfants et pour toute la famille d'autant que l'accès aux photos, aux historiques et aux données de localisation ne renseigne aucunement le contexte.

Ce besoin de sécurisation des parents rend difficile pour nos enfants la déconnexion, puisque nous exigeons d'eux qu'ils soient joignables à tout instant. C'est un cercle vicieux. Tout part d'une bonne intention, mais ce besoin de sécurisation va accentuer leur dépendance au numérique.

Nous l'avons vu, la majorité des parents surinvestit certains champs, mais en sous-estime paradoxalement d'autres. Ne s'attacher qu'au temps passé sur les écrans et ne pas s'intéresser au contenu regardé est une erreur souvent commise. Vouloir connaître les moindres faits et gestes de son enfant lorsque nous ne sommes pas avec lui devrait supposer aussi de lui expliquer que la consigne de ne pas parler à un inconnu est aussi valable en ligne. Échanger et partager des informations personnelles avec un partenaire de jeu vidéo en ligne peut s'avérer dangereux, surtout quand ce joueur évoluant sous un pseudonyme prétend être un enfant, mais s'avère être en réalité un adulte. Un adulte qui peut avoir des penchants pédophiles, et finir un jour par proposer un rendez-vous dans la vie réelle à votre enfant. Or, sur le nombre de parents qui a suréquipé sa progéniture pour mieux être connecté à lui, peu comprennent qu'ils l'exposent sans le vouloir à des dangers bien plus graves, car ils ne surveillent pas du tout ce qui se passe sur Internet ; avoir son enfant dans leur ligne de mire étant suffisant à les rassurer.

Certains de ces parents très à l'aise avec le numérique, au point d'être capables d'installer des traqueurs connectés dans chaque appareil de leurs enfants, feignent de ne pas être en mesure de savoir installer une appli de contrôle parental. Ou ils considèrent que tout est question de confiance. C'est regrettable, car cet outil peut s'avérer plus sécurisant lorsque l'enfant navigue sur Internet. Quant à la géolocalisation, elle n'indique rien sur l'activité réelle de l'enfant.

Sachant tout cela, il est indispensable de retarder l'arrivée de nos jeunes sur les réseaux sociaux. Cela suppose donc de ne pas fournir de smartphone à son enfant avant l'entrée en quatrième, comme l'a fait Bill Gates avec ses propres enfants. Un simple téléphone à touches est suffisant pour appeler et être joint. À l'heure actuelle, le smartphone arrive dans la vie des enfants beaucoup trop tôt. Cette acquisition se fait sans qu'aucun contrôle parental soit installé. De ce fait, de nombreux enfants de 10 et 11 ans mentent sur leur âge pour s'inscrire sur les réseaux sociaux qui ne sont légalement accessibles qu'à l'âge de 13 ans, et 16 ans pour les messageries telles que WhatsApp. Parfois ils n'ont pas besoin de mentir, ce sont les parents qui leur ouvrent un compte sur les réseaux sociaux, parfois à leur naissance.

2

Des habitudes à changer

Nous venons de le voir, l'équipement des enfants se fait donc de plus en plus tôt, quel que soit le milieu socio-économique, comme le démonte l'étude Junior Connect[1]. Les élèves de primaire en France deviennent hyperconnectés. En 2018 plus, 47 % des enfants de 12 à 17 ans possédaient une tablette, contre 7 % en 2011. En 2017, 36 % des 7 à 12 ans possédaient leur propre tablette. Aujourd'hui les adolescents de 13 à 19 ans possèdent en moyenne 2,9 écrans personnels, les enfants de 7 à 12 ans en possèdent 1,6. Le smartphone est le terminal privilégié des adolescents : 89 % des adolescents de 13 à 19 ans en possèdent un. C'est 12 points de plus qu'en 2016. 35 % des enfants de 7 à 12 ans sont équipés. 58 % des enfants de 7 à 12 ans possèdent une console de jeux. Les foyers avec enfants de moins de 15 ans sont quasiment tous équipés pour 91 % en téléphones mobiles, 91 % en téléviseurs et 90 % en tablettes. Chiffre alarmant : 9 % à 12 % des bébés de 0 à 2 ans utilisent des tablettes, ce qui va à l'encontre de toutes les recommandations.

Les familles des milieux défavorisés et les familles monoparentales sont suréquipées (64 % pour 49 %). Une majorité de ces familles valorise ces outils perçus comme moyens d'inclusion sociale, mais aussi comme une espèce de compensation matérielle. Les âges d'équipement des enfants sont, en moyenne, de 6 ans et 9 mois pour les tablettes, 7 ans et 3 mois pour la console de jeux et 9 ans et 9 mois pour les smartphones.

Réalisant des études sur le sujet chaque année, mes anciens collègues britanniques de l'Ofcom[2] ont une excellente connaissance des comportements des mineurs en ligne. La dernière en date ayant été publiée en 2022 constate que près du tiers des enfants entre 8 et 17 ans au Royaume-Uni vont sur les réseaux sociaux en mentant sur leur âge, en renseignant une fausse date de naissance lors de leur inscription. Les deux tiers de ces mineurs seraient aidés par un parent ou un autre adulte lors de l'inscription à une plateforme de réseau social.

Selon un sondage réalisé par l'IFOP et la CNIL en février 2020, avant les confinements, 82 % des enfants de 10 à 14 ans indiquent aller régulièrement sur Internet sans leurs parents, contre 95 % pour les adolescents de 15 à 17 ans. En moyenne, 70 % des enfants de tout âge indiquent regarder seuls des vidéos sur Internet. Netflix arrive en tête des plateformes, elle est plébiscitée par 70 % des enfants de 13 ans, suivie de Prime Video (Amazon) et de Disney+. Les moins de 12 ans utilisent aussi Internet pour regarder la télévision en direct et des tutoriels, tandis que les plus de 13 ans privilégient les réseaux sociaux, les jeux et les messageries instantanées.

En Europe, la majorité numérique a été fixée entre 13 ans et 16 ans. La Commission européenne ayant souhaité laisser le choix à chaque État membre de choisir l'âge qui lui convient. En France, elle a été fixée à 15 ans. L'accès aux principaux réseaux sociaux n'est pas supposé se faire avant l'âge de 13 ans. C'est l'âge que Facebook, Instagram, TikTok, YouTube, etc., indiquent dans leurs conditions générales d'utilisation. Nous devons respecter ces règles en tant que parents. Les plateformes devraient selon moi être tenues légalement de faire respecter l'âge minimum déclaré de 13 ans, j'y reviendrai. Elles devraient être contraintes de mettre en œuvre une vérification de l'âge et de l'identité pour tous les nouveaux comptes, comme beaucoup d'autres industries l'ont fait. Les utilisateurs vérifiés pourraient toujours publier sous des pseudonymes, et la vérification pourrait être effectuée par des tiers fiables plutôt que par les plateformes elles-mêmes. La protection des mineurs contre une exposition précoce à des contenus violents ou choquants sur Internet est en effet un enjeu fondamental. L'exposition à la pornographie peut quant à elle avoir des conséquences néfastes sur leur développement psychologique et leur comportement. Dans ce cadre, l'adoption de l'article 23 de la loi n° 2020-936 du 30 juillet 2020 visant à protéger les victimes de violences conjugales marque une étape importante pour permettre de lutter effectivement contre l'exposition des mineurs à la pornographie en ligne. Cette disposition permet d'instaurer le contrôle d'accès des mineurs aux sites pornographiques gratuits. Elle institue une nouvelle procédure destinée à obliger les éditeurs de ces sites pornographiques à mettre en place un contrôle de l'âge de leurs clients[3]. Ce texte est une avancée en matière de protection des mineurs. Que ce soit sur un ordinateur, une console de jeu, ou sur leur smartphone, les mineurs peuvent en effet de nos jours très facilement visionner des contenus pornographiques disponibles gratuitement en ligne, avec des conséquences indéniables sur leur développement affectif, psychologique et sexuel. Plus d'un enfant sur trois a été exposé à des contenus pornographiques avant l'âge de 12 ans, et la plupart du temps, par l'intermédiaire d'un smartphone. En novembre 2020, trois associations ont saisi le CSA, devenu depuis l'Arcom, pour obtenir le blocage aux mineurs de huit sites pornographiques afin d'endiguer le fléau de l'exposition des mineurs à la pornographie de plus en plus tôt. À ce jour, ces sites ne sont toujours pas bloqués. Force est de constater que le texte de loi est à renforcer pour contraindre réellement ses sites à se conformer à la volonté du législateur[4].

Je me souviens de ce déjeuner en famille l'été dernier. Nous avions choisi un restaurant de plage les pieds dans l'eau pour commencer l'été. Rien de tel que ce cadre idyllique pour célébrer le début des vacances. Notre déjeuner était assez banal, dans la mesure où nous étions une famille parmi d'autres à savourer le décor et les mets. Cependant à la fin du repas, le serveur, le chef, de rang, le sommelier, la responsable de la boutique se sont succédé pour nous dire combien ils étaient étonnés et agréablement surpris de ne voir aucun téléphone sur la table et de nous voir discuter et rire avec nos enfants. Nos enfants sont pré-adolescents mais n'ont pas de smartphones. Je me suis retournée pour observer les autres convives et j'ai en effet pu remarquer que la plupart des enfants et des adolescents qui nous entouraient étaient sur tablettes ou smartphones durant le déjeuner, relevant à peine la tête pour demander qu'on leur serve à boire, canicule oblige.

3

Établir des règles claires

Au même titre qu'il faut avoir 18 ans et un permis de conduire pour pouvoir conduire un véhicule, il existe des règles concernant le numérique. L'accès aux plateformes est réglementé, on l'a dit. En tant que parents, nous ne sommes pas supposés ignorer ces règles, feindre de ne pas les connaître ou pire les contourner.

Bien que professionnelle des médias, de l'audiovisuel, du cinéma et du numérique, j'entretiens moi aussi une relation ambiguë avec la télévision, alors que j'ai produit plusieurs centaines d'heures de programmes pour le petit écran. J'appartiens pourtant à la génération X – considérée par certains sociologues, tel Christian Baudelot, comme étant une « génération sacrifiée ». La génération X, née entre le milieu des années 1960 et la fin des années 1970, est arrivée dans un marché du travail plombé par les chocs pétroliers. On ne lui parlait que de chômage lorsqu'elle envisageait son avenir. L'espérance placée dans l'école, la certitude d'un avenir meilleur et d'une situation matérielle plus avantageuse s'est avérée être une illusion. Cette génération a également grandi avec le spectre du sida et dans des familles de plus en plus marquées par le divorce. La génération X est souvent présentée comme désabusée, car prise en étau par les baby-boomers, pour qui tout était facile, et les générations qui ont profité de la création d'Internet. Du point de vue de la culture populaire, la génération X incarne la génération télévision, c'est la génération des premiers mangas animés, de *L'Île aux enfants*. C'est également la génération des premiers magnétoscopes, des vidéo-clubs, des jeux vidéo, *Pac Man* et *Mario Bros*. en tête, des premiers ordinateurs grand public, je me souviens de notre précieux MO5 sur lequel nous pouvions jouer au tennis. C'est aussi la génération des séries américaines telles que *Dallas*, et des films de science-fiction comme *E.T.* Une génération diplômée, désabusée, mais qui rêvait en CinemaScope et en pixels. Une génération dont les parents laissaient la télévision en accès libre, ou alors la verrouillait à clé. À l'époque déjà, les débats sur la télévision faisaient rage et à mon grand désespoir chez nous la télévision était cadenassée. C'était notre contrôle parental.

Pour le numérique, j'ai finalement conservé cette règle. L'innovation et la technologie sont omniprésentes, mais de façon très encadrée, même si cela suppose une autodiscipline importante. Créateur d'un ordinateur à l'âge de 8 ans, ce qui lui valut de remporter un concours et de faire la couverture d'un magazine informatique avant l'âge de 10 ans, diplômé de l'École centrale, ingénieur de formation, mon mari est immergé depuis toujours dans le numérique en raison de ses fonctions et sa carrière de créateur, de dirigeant et investisseur d'entreprises du numérique. Il a longtemps vécu à Palo Alto et collabora avec Apple au moment du grand retour de Steve Jobs après le rachat de NeXT. Comme tous ses pairs, il entretient lui aussi une relation complexe avec les outils numériques.

Nous l'avons vu, la plupart des créateurs du numérique, Steve Jobs en tête de son vivant, n'autorisent pas l'usage des écrans à leurs enfants, et en font un usage pour eux-mêmes très encadré. Les temps de déconnexion régissent leur vie.

Je ne prétends pas que les règles qui sont les nôtres soient parfaites, mais elles ont le mérite d'exister, sachant que nous sommes parfaitement alignés sur la place que doit occuper le numérique dans nos vies et dans celle de nos enfants. Ce point est essentiel.

Il est en effet important que les deux parents, en couple ou séparés, se mettent d'accord sur les règles à suivre, sinon elles ne seront pas comprises par l'enfant et donc pas respectées. Il faut aussi que les grands-parents soient en phase avec les règles des parents. Ceux qui se retrouvent fréquemment à seconder leurs enfants sont parfois dépassés par les technologies ou permissifs par méconnaissance ou sous-estimation des risques. C'est souvent source de conflits entre parents et grands-parents. Les derniers estimant, à raison, ne pas avoir fait du mauvais travail en élevant plus que correctement les premiers, et que ces critiques sont injustifiées. Là encore, je ne peux que recommander le dialogue.

À tort, trop de parents et de grands-parents pensent que leur enfant ou petit-enfant a la maturité suffisante pour s'affranchir de ces règles. C'est faux, le cerveau des jeunes doit être protégé. D'autres parents considèrent que leur rejeton maîtrise si bien les technologies que plus il sera en ligne, plus il pourra améliorer son « génie potentiel », là encore c'est faux ; d'autres enfin, transférant sans doute sur leur enfant leur peur irraisonnée d'être ostracisé, poussent très tôt leur progéniture dans les bras du numérique afin qu'ils se socialisent et ne risquent pas une exclusion du groupe. Le groupe étant aujourd'hui considéré comme étant ceux des messageries instantanées, WhatsApp, Signal et Telegram en tête, même si elles ne sont autorisées qu'aux utilisateurs de plus de 16 ans. Mais rares sont les parents qui savent vraiment ce qui s'y passe : messages écrits, émoticônes, messages vocaux, blagues potaches, devoirs à faire, vidéos, liens vers des sites, mais aussi des propos haineux, du cyberharcèlement, des contenus pornographiques, violents, de la pornodivulgation (ou *revenge porn*[1]), sexting, etc. sont les contenus qui y circulent et ce dès la sixième. Ces groupes sont des défouloirs, des exutoires, ils sont le moyen de rester constamment en contact, le jour, la nuit, le matin, le soir, à l'heure des repas, en vacances, pendant les activités extrascolaires, avec les autres, l'administrateur de ces boucles est lui aussi mineur et n'assure jamais le rôle de modérateur. Pour se défausser, souvent tous les membres de groupe sont désignés administrateurs, ce qui fait que personne n'est réellement responsable en cas de problème. Le fait d'être socialement intégré dans le monde réel ne compte plus pour la plupart des parents. Ce qu'ils priorisent c'est la socialisation numérique. Ce qui n'est pas sans conséquence pour l'épanouissement de nos enfants comme nous venons de le voir.

D'un côté, certains parents sont conscients du problème, poussent leurs enfants à la déconnexion, et dans le même temps pour des raisons de surveillance, ils encouragent leurs enfants à être connectés et joignables en permanence. Cela n'a rien à voir me direz-vous ? En réalité nous parlons bien de la même chose, car même si la connexion exigée par les parents n'implique pas de se connecter à un jeu vidéo, ou n'incite pas à aller sur un réseau social, cela ramène les enfants à leurs appareils numériques. Une fois connectés, et le SMS envoyé aux parents pour les rassurer, les enfants peuvent vite se retrouver pris au piège du *rabbit hole*, et être exposés à toutes sortes de dangers potentiels.

L'école et les enseignants sont entrés de force dans l'ère numérique. De façon disparate, en fonction des moyens des écoles et du niveau d'appétence et de connaissance des professeurs. Certaines écoles incluent la tablette dans l'apprentissage à partir d'un certain niveau pour des raisons de numérisation des documents et d'allégements des cartables.

Plus généralement, les écoles souhaitent adapter leur enseignement à l'ère numérique et c'est parfaitement compréhensible. L'école est un sanctuaire, selon que la laïcité, fondement de notre République, est un principe protecteur des élèves. Le droit de penser et de croire librement pour chaque élève nécessite de prémunir les écoles, les collèges et les lycées de toute emprise politique, religieuse ou idéologique. Mais cela ne suppose pas de rendre les écoles hermétiques à la marche du monde et à la modernité, au contraire. L'école participe en plus à la réduction de la fracture numérique. Mais sans le vouloir, elle contribue également à l'augmentation du temps d'écran, car les outils numériques sont utilisés comme maillon indispensable de la relation enseignants-enfants, et par extension avec les parents. Google for Education, École directe, Pronote se sont invités dans la conversation entre les familles et l'école. Lorsqu'il s'agit d'un temps pédagogique pur et que les tablettes sont sécurisées par un contrôle à distance de l'école et configurées pour ne permettre l'installation d'aucune autre application que celles purement dédiées à l'enseignement, c'est concevable et de mon point de vue bénéfique. En revanche, le systématisme qui consiste pour certains enseignants à envoyer les enfants, et ce dès le niveau primaire, à faire des recherches sur Google, Wikipédia, Pinterest, ou à aller regarder des vidéos sur YouTube (et non pas sur YouTube Kids), pour faire des travaux scolaires est une fausse bonne idée. Ces exercices peuvent souvent être réalisés grâce à d'autres supports pédagogiques. Tout n'a pas besoin d'être systématiquement dématérialisé. Ces connexions obligatoires quand elles ne sont pas encadrées, et faites sur des supports numériques dédiés, favorisent l'errance numérique des enfants et des adolescents et augmentent le risque qu'ils se retrouvent en deux clics sur un site pornographique par exemple. L'enchaînement de vidéos sur YouTube n'est pas sans risques. Une vidéo en entraînant une autre, un pop-up en entraînant un autre, les enfants et les adolescents peuvent très vite être détournés de leur recherche initiale et se retrouver à faire tout sauf leurs devoirs.

Demander aux enfants de scanner un QR code pour découvrir leurs devoirs, ou de les recevoir via un lien envoyé par e-mail peut sembler très moderne et pratique, mais cela suppose une connexion systématique et d'être équipé d'un appareil de communication numérique. Ces connexions hors du temps scolaire, puisqu'il s'agit de devoirs à faire à la maison, se font donc sur les appareils familiaux – smartphone, tablette, ordinateur – dont nous savons qu'ils sont loin d'être tous équipés en outils de contrôle parental. Ces situations sont souvent source de conflit au sein des familles puisque cette connexion légitime, imposée par l'école, se transforme en accès détourné à Internet.

Dans certaines écoles, et certaines crèches, les jours de pluie, ce sont les dessins animés qui sont prisés. Parfois le film choisi est fait en fonction du choix de l'éducateur, du surveillant ou du professeur, sans que soit considérée la signalétique. Les dessins animés et les films d'animation en général ne sont pas du tout synonymes de « tout public ». Aussi, les élèves d'une classe n'ont pas tous la même sensibilité. Une réflexion est donc à mener au sein de l'Éducation nationale autour de cette question de la connexion.

4

L'éducation aux médias, à l'information et à la citoyenneté numérique

Dans ce contexte, l'éducation au numérique, l'éducation aux médias, à l'information et à la citoyenneté numérique (EMI) sont devenues incontournables, tant pour les enfants que pour les adultes et les enseignants comme le préconisait un rapport du Conseil économique, social et environnemental pour lequel j'avais été auditionnée en 2019.

L'éducation aux médias et à l'information devrait devenir une matière à part entière, car elle donne aux enfants la capacité de mieux comprendre l'environnement des médias et de l'information, avec un sens critique. Elle donne des clés sur les différents aspects des médias et leur contenu. Elle donne également des clés pour communiquer. Comprendre la liberté d'expression, se prémunir des théories complotistes, ne pas participer à la désinformation, au cyberharcèlement, développer le civisme en ligne, entre autres. Ces notions devraient systématiquement être au programme scolaire. L'Éducation nationale y réfléchit, espérons qu'elle ne le fasse pas trop longtemps, et qu'elle ne se fasse pas totalement dépasser par la temporalité du numérique.

Je suis souvent intervenue en classe et les professeurs des écoles ou des lycées m'ont dit combien la notion de liberté d'expression n'est pas acquise par les élèves (et par certains parents) et que les débats polarisés auxquels nous assistons trop souvent dans les médias ou en politique s'invitent désormais en classe. Jusqu'à l'extrême parfois, c'est notamment ce qui a motivé l'assassinat terroriste du professeur Samuel Paty.

L'offre de ressources pédagogiques est aujourd'hui immense, même si elle mériterait d'être mieux répertoriée pour être plus accessible au grand public. L'Éducation nationale, via son réseau Canopé, est créatrice de contenus très riches. Ce réseau accompagne les enseignants dans l'appropriation des outils et des environnements numériques en créant des contenus pédagogiques. C'est de Canopé que dépend le Centre pour l'éducation aux médias (Clémi). L'Arcom, forte de son expertise, des nombreux dossiers qu'elle a eu à instruire depuis plus de trente-cinq ans[1], forme des centaines de professeurs du secondaire et du tertiaire chaque année dans le cadre de son partenariat avec le ministère de l'Éducation nationale. L'Arcom forme des enseignants partout en France et a également créé un kit pédagogique à disposition des enseignants du secondaire et du tertiaire disponible en ligne. Ce kit est accessible à tous. L'Unesco et la Commission européenne sont aussi très pro-actives, notamment grâce à la professeur des universités Divina Frau-Meigs.

Les médias eux-mêmes participent également à l'enrichissement des connaissances du public en matière d'EMI, grâce à des programmes audiovisuels dédiés, notamment sur la plateforme Lumni développée par les sociétés d'audiovisuel public et des partenariats avec l'Éducation nationale. Les éditeurs privés développent également de nombreux programmes sur leurs antennes ou sur leurs sites Web, la preuve que tous mesurent l'ampleur du défi à relever pour notre cohésion sociale.

En parallèle, l'apprentissage du code informatique, au même titre de l'apprentissage des langues, devrait être rendu obligatoire. Comment maîtriser les outils numériques si les enfants n'en comprennent pas les fondements ? Colori et Magic Makers, par exemple, ont développé une expertise reconnue dans ce domaine : pourquoi s'en priver ? C'est le choix que j'ai fait pour mes enfants.

5

Le contrôle parental

Le besoin de fixer des règles est essentiel, dans cet environnement, car la connexion peut devenir l'objet de tractations et de discussions interminables. Nous venons de le voir, certains parents vont surprotéger leurs enfants et leurs adolescents, en leur imposant d'être joignables à tout instant. Par esprit de contradiction, la réaction de certains enfants et adolescents va être de se déconnecter, pour avoir la paix, mais aussi pour affirmer leur besoin d'indépendance et d'autonomie. Pour d'autres, cela peut conduire à rendre les enfants et les adolescents encore plus dépendants des technologies, et ils vont systématiquement appeler leurs parents pour des sujets mineurs qui ne nécessitent pas forcément leur intervention. La perte d'autonomie des enfants est une conséquence négative. La surconnexion devient un frein. Elle entraîne aussi une dépendance à certaines applications pour se sortir de situations faciles. Pourquoi apprendre à retenir le nom des rues, puisque Waze et Google Maps sont là pour les retenir pour vous ? Pourquoi faire des efforts de mémorisation puisque ChatGPT, Google et Wikipédia auront toujours la réponse à votre question ?

Les parents doivent assumer d'être parents. Ils doivent établir des règles strictes, et ne pas y déroger.

Parfois, les associations de parents d'élèves en lien avec l'école peuvent proposer des règles communes, ce qui facilite leurs acceptations puisque ces règles sont prises en groupe pour le groupe. Pour que ces règles soient efficaces et acceptées, il faut les expliquer et en parler avec les enfants et les adolescents en amont. Les règles doivent être mises en place le plus tôt possible, dès 3 ans, elles généreront moins de conflits, d'incompréhension et de frustration que si elles sont prises à l'adolescence.

L'encadrement grâce aux outils techniques, tel que le limiteur de temps ou le contrôle parental, est indispensable mais il ne suffit pas. Le contrôle parental permet de créer un filtre afin de restreindre l'accès des enfants et des adolescents à certains contenus inappropriés. Cet outil, ou fonctionnalité, peut également servir à planifier et encadrer le temps d'écran. Pour le désactiver il faut un code, connu des parents uniquement. Ce code permettra ensuite aux parents de retrouver toutes les fonctionnalités de leur appareil numérique, pour une utilisation sans restriction. Ne pas transmettre ses codes à ses enfants est la règle de base, mais cela ne signifie pas de cacher à ses enfants que l'on a installé un contrôle parental. La transparence est aussi de mise. La fonctionnalité qui permet la création de plusieurs profils utilisateurs évite une exposition précoce à des contenus inappropriés tels que la violence, les jeux d'argent, l'alcool, la pornographie. Cela aurait notamment permis aux enfants de moins de 16 ans de ne pas regarder la série *Squid Games* par exemple, une série déconseillée par Netflix aux moins de 16 ans, mais qui a été vue par des milliers d'enfants n'ayant pas atteint cet âge en France. Certains élèves de primaire ont tenté de reproduire les sévices qu'ils avaient vus dans la série, ce qui a occasionné de nombreux drames dans les cours de récréation lors de l'apparition de la série sur la plateforme américaine, sans compter les cauchemars qui ont pollué le sommeil des petits.

Les outils de contrôle parental s'affinent et permettent de s'adapter aux âges des enfants, en distinguant les enfants des adolescents.

Ces outils dont l'efficacité se renforce ne remplaceront cependant jamais la surveillance et l'éducation que chaque parent se doit de prodiguer à ses enfants. Le dialogue est donc primordial.

Éviter les écrans la veille des jours de classe, le matin avant d'aller à l'école, pour permettre aux enfants et aux adolescents de facilement se concentrer lorsque les cours commencent. Proscrire les écrans pendant les repas et au coucher, respecter le temps de sommeil nécessaire des petits[1] sont des règles simples à comprendre pour des enfants. La règle des « quatre pas pour mieux grandir » de la psychologue Sabine Duflo est facile à retenir : pas le matin, pas pendant les repas, pas avant de se coucher, pas dans la chambre de l'enfant.

Le professeur en neurosciences Grégoire Borst préconise de se déconnecter au moins une heure avant le coucher, pour ne pas altérer le sommeil. Cela implique donc que les enfants, cela vaut aussi pour les adultes, n'introduisent aucun appareil numérique dans leurs chambres, et d'éviter les écrans la veille de jours scolaires.

L'autre règle est de respecter la signalétique jeunesse, qu'il s'agisse de celle proposée pour les programmes audiovisuels, pour ceux diffusés sur les plateformes ou encore des jeux vidéo. La plateforme américaine Common Sense Media est un excellent guide, je ne peux que la recommander, pour les parents qui auraient besoin d'aide pour déterminer si leur enfant est réellement en âge de regarder tel ou tel programme. Le fait qu'un camarade ait vu tel film, parfois au cinéma avec leurs parents, ou qu'un autre se soit fait offrir tel ou tel jeu, n'est pas un critère d'appréciation. La signalétique TV de l'Arcom, la signalétique des plateformes, la signalétique PEGI, la signalétique de Common Sens Media sont *a contrario* des références fiables.

Les règles sont faites pour être respectées. Trop souvent, les parents qui les fixent sont aussi les premiers à autoriser des exceptions. Mais ces exceptions deviennent la règle : au restaurant, dans la file d'attente d'un magasin, en marge d'un rendez-vous médical, en train, en avion... Les coloriages, les livres, les jeux de construction, etc. ont été remplacés par les écrans, quitte à ce que le niveau de nervosité de l'enfant soit au plus haut après le visionnage. C'est comme si délibérément on supprimait les légumes de l'alimentation des plus jeunes sous prétexte qu'ils n'aiment pas cela. Or c'est impensable en théorie, car nous savons pertinemment qu'une alimentation saine et équilibrée est indispensable pour le bon développement de l'enfant. Les règles doivent aussi s'accompagner d'une volonté de responsabiliser les enfants pour leur permettre ensuite d'être autonomes et de gérer seuls leur consommation d'écrans.

Lorsque l'on plaide pour une arrivée plus tardive que 9 ans, pour l'arrivée du premier smartphone, la réponse est souvent de considérer cette vision comme rétrograde voire totalement ringarde. Pire, elle pénaliserait l'intégration sociale de l'enfant et l'exclurait d'office. Cela en ferait un outil indispensable au bon épanouissement de l'enfant. Cette affirmation est un mythe. Car le smartphone comme tous les outils du numérique peut se transformer en outil d'exclusion, d'isolation, et de marginalisation de l'enfant.

Les raisons qui poussent certains parents à équiper leurs enfants de plus en plus tôt sont souvent liées au regard des autres, une sorte de contrainte sociale. La crainte des parents que leur enfant ne connaisse pas le dernier jeu en vogue, la dernière vidéo qui fait le buzz sur le réseau social à la mode occupe une place si importante qu'elle favorise une connexion précoce. Le risque d'exclusion est surestimé par rapport au risque de mal-être que provoqueraient les écrans. Le lien social ne peut être privilégié au bon épanouissement et à la santé mentale. La place qu'occupe le smartphone dans nos vies est inédite pour un appareil numérique, c'est la raison pour laquelle nous devons avoir une vigilance de chaque instant. Le dialogue permet d'adapter cette surveillance en tenant compte de la maturité de son enfant, de s'intéresser et partager certaines pratiques, comme nous le faisons avec la télévision en regardant certains programmes en famille, en fixant des règles et en passant avec sa progéniture un pacte de confiance.

Dans tous les cas et même si cela demande beaucoup d'efforts notamment pour les grands-parents, je recommande de ne jamais cesser de s'informer sur l'environnement numérique de ses enfants, y compris lorsqu'ils deviennent adolescents ou jeunes adultes.

Un dialogue constant sur les risques est également nécessaire, sans jamais tomber dans la paranoïa.

L'objectif étant d'informer, pas de faire peur. Connaître la loi et la respecter en matière de numérique est également un indispensable.

Cette démarche représente un investissement en temps et en énergie important, mais elle en vaut la peine, car à terme cela éviterait les conflits et les discussions âpres sur le sujet.

6

Le respect de la vie privée et des données personnelles des enfants

Vouloir protéger son enfant, c'est aussi respecter sa vie privée, protéger ses données personnelles et lui apprendre à se protéger. Or nous perdons de vue ces enjeux lorsque le numérique entre en jeu. Nous faisons face à une réelle méconnaissance de ce sujet. Cela vaut tant pour les parents que pour les enfants.

Selon une enquête de la Commission nationale de l'informatique et des libertés (CNIL) et de l'association Génération numérique, seulement 41 % des enfants entre 11 et 14 ans savent que les réseaux sociaux peuvent utiliser les contenus qu'ils publient.

Dans leur rapport annuel 2022, la défenseure des droits Claire Hédon et son adjoint le défenseur des enfants, Éric Delemar, ont alerté sur le respect de la vie privée des enfants. Le droit à la vie privée des enfants est inscrit dans le Code civil et consacré dans la Convention internationale des droits de l'enfant (CIDE). Pourtant le rapport note l'augmentation des atteintes à la réputation numérique des petits. Leur consentement à être filmé ou photographié est rarement recherché, ce qui provoque des contentieux entre parents et jeunes majeurs dont les photos d'enfance ont pu être publiées.

La publication en ligne des photos ou des vidéos d'enfants par leurs parents, appelée aussi le *sharenting*, est un fléau ! Bien que très répandu, il n'en demeure pas moins qu'il s'agit d'une atteinte grave à la vie privée de l'enfant. Beaucoup de parents n'en ont pas conscience. L'enfant se voit dépossédé de sa capacité à définir son image, ce qui n'est pas sans conséquence sur son développement.

Les parents qui partagent sur les réseaux sociaux les photos et les vidéos de leurs enfants depuis leur plus jeune âge n'ont pas conscience que ces photos ne devraient pas être publiées ailleurs que dans un album familial. Ces photos, ces vidéos privées et parfois intimes peuvent se retrouver dans des bases de données et des banques d'images de multinationales à l'autre bout du monde. Les photos et les vidéos de leurs enfants peuvent servir à illustrer un contenu sur lequel les parents n'auront aucune prise. Un contenu publicitaire par exemple. Les photos de ces enfants pourront aussi se retrouver entre les mains de prédateurs sexuels. Protéger son enfant, cela signifie de ne pas livrer son image à une exploitation dont on ignore tout de la finalité. Sur les réseaux sociaux, un compte n'est jamais privé, même lorsque vous cochez cette case dans les paramètres de votre compte. Chaque parent est convaincu que son enfant est la plus belle merveille du monde. C'est bien normal. Vouloir le prouver au monde entier en postant sans cesse des photos ou des vidéos de sa progéniture peut bien nourrir son narcissisme de parents, mais cela ne participe en rien à l'épanouissement de l'enfant à court et à moyen terme.

Selon une enquête, de la société de cybersécurité McAfee[1], 24 % des parents publient une photo ou une vidéo de leur enfant au moins une fois par jour sur les réseaux sociaux, parmi eux, un quart en postent plus de quatre fois par jour. En 2016, la gendarmerie nationale française avait dû lancer un message d'alerte pour rappeler que diffuser des images de ses enfants n'est pas un acte anodin. À cette époque le « *Motherhood challenge* » faisait fureur sur les réseaux sociaux. Le défi consistait à partager sur Facebook les moments les plus beaux avec ses enfants : « Si tu es fière de tes enfants, poste 3 photos et nomme 10 de tes amies pour faire pareil ! » Et la gendarmerie nationale de devoir répondre sur son compte Facebook : « Bon, certes, vous pouvez être toutes fières ou fiers d'ailleurs d'être une maman ou un papa de magnifiques bambins, mais attention ! Nous vous rappelons que poster des photos de ses enfants sur Facebook n'est pas sans danger ! Il est important de protéger la vie privée des mineurs et leur image sur les réseaux sociaux. » Tout était dit, pourtant, force est de constater que ce message n'est pas entendu ou compris.

Certains adolescents s'exhibent sur les réseaux sociaux, c'est problématique, et certains d'entre eux le regretteront plus tard, mais s'ils ont atteint la majorité numérique, il s'agit de leur choix. Inonder la toile de photos et de vidéos de sa progéniture, lorsque l'on est parent, sans lui demander son avis n'est pas judicieux. Il y a d'ailleurs des âges, notamment à l'adolescence, où les enfants sont très pudiques et cet étalage peut créer chez eux beaucoup d'angoisse.

L'étude de McAfee rappelait que les photos pouvaient être utilisées pour recueillir des renseignements sur l'enfant : sa date de naissance, son adresse, son école ou même son nom complet. Ces informations recueillies peuvent mener à la cyber-intimidation ou même au vol d'identité. Le besoin de reconnaissance encourage ces comportements. Pour se mettre en valeur, certains parents n'hésitent pas à abuser de l'utilisation de l'image de leurs proches, dont leurs enfants en oubliant que leurs enfants ne sont pas des objets.

Les risques liés à la publication d'une photo d'enfant sont importants : risques liés à la pédophilie, 48 % ; au harcèlement, 37 % ; d'enlèvement, 28 % ; et de cyber-intimidation, 31 %. Sachant cela, 34 % des parents ne se demandent pas si leur enfant consentirait à ce que sa photo soit affichée en ligne.

La loi est pourtant claire : l'article 226-1 du Code pénal prévoit que toute personne ayant diffusé ou publié des images d'un tiers sans son consentement encourt une peine d'un an de prison et une amende de 45 000 euros. Tandis que l'article 9 du Code civil, portant sur le droit à l'image, garantit que chacun a droit au respect de sa vie privée. Cet article 9 précise que les parents sont en charge de protéger l'image de leur enfant. Lorsque le couple est séparé, les parents doivent se consulter et se demander mutuellement le droit de publier l'image. Faute de quoi, l'un comme l'autre peuvent se poursuivre en justice.

Un juge aux affaires familiales, responsable de la procédure de séparation, a été saisi de demandes visant à obtenir la cessation de toute publication de l'enfant par l'autre parent, y compris sous astreinte. Ces demandes se fondent sur l'autorité parentale conjointe et l'intérêt de l'enfant. Dans un arrêt du 9 février 2017, la cour d'appel de Paris a fait droit à la demande formulée par une mère de famille, dont l'ex-mari avait publié sur son compte Facebook plusieurs photos de leurs enfants ; et a interdit à chacun des parents de diffuser des photographies des enfants sur tous supports sans l'accord de l'autre parent. Dans son arrêt, la cour a rappelé qu'il était nécessaire de « respecter l'exercice conjoint de l'autorité parentale qui nécessite l'accord des deux parents concernant les décisions à prendre dans l'intérêt de l'enfant ». La cour a donc rappelé la nécessité de l'accord des deux parents.

C'est ce que la cour d'appel de Versailles avait déjà énoncé lors d'un précédent jugement, dans le cadre d'une affaire où un père demandait à son ex-femme de ne plus publier de photographies de leur enfant âgé de 4 ans sur son compte Facebook, et de supprimer les commentaires et photographies déjà publiés. Les juges ont statué dans le sens du requérant, en ordonnant à la mère de cesser de publier tout document concernant l'enfant sans autorisation du père et de supprimer tous les commentaires et photographies de l'enfant déjà publiés sur Facebook.

Toujours selon l'étude McAfee, seulement 19 % des parents s'inquiètent du fait que le partage d'une photo de leur enfant en ligne pourrait provoquer chez l'enfant de l'inquiétude ou de l'anxiété, et seulement 24 % considèrent que leur enfant pourrait être embarrassé par la photo. En outre, les effets secondaires émotionnels ne doivent pas être négligés. Selon une étude de ComRes, plus d'un enfant de 10 à 12 ans sur quatre se sent embarrassé, anxieux ou inquiet lorsque ses parents publient des photos d'eux en ligne.

Plusieurs affaires pourraient faire jurisprudence. Jusqu'ici, les cas les plus emblématiques se situaient aux États-Unis. Une fois devenus adultes, des enfants attaquent en justice leurs parents pour avoir publié massivement des photos depuis leur plus tendre enfance.

Dernièrement, en Autriche, une jeune femme de 18 ans a poursuivi ses parents pour avoir publié cinq cents images d'elle lorsqu'elle était mineure sans son consentement. Les images ont été partagées avec les amis Facebook de ses parents. Plus de sept cents au total. Son père a déclaré aux médias qu'il avait les droits sur les photos parce qu'il les avait prises. « Ils ne connaissaient ni honte ni limite – et se moquaient de savoir si c'était une photo de moi assise sur les toilettes ou allongée nue dans mon lit –, chaque étape était photographiée puis rendue publique », a déclaré la jeune femme de 18 ans qui a réclamé une compensation financière et souhaite que les photos soient supprimées de Facebook. En 2018, en Italie, le tribunal civil de Rome a condamné une mère de famille à verser 10 000 euros de dommages et intérêts à son fils si elle ne retirait pas les photos qu'elle avait publiées de lui sur Facebook depuis sa petite enfance. Les parents qui exploitent l'image de leurs enfants dans des vidéos, des blogs, les influenceurs qui exploitent commercialement l'image de leurs enfants s'exposent également. C'est l'objectif de la loi dite Studer sur l'exploitation commerciale des mineurs[2].

En moyenne, les parents partagent près de mille cinq cents photos de leur enfant avant qu'il n'atteigne l'âge de 5 ans, selon ParentZone, une organisation britannique experte en parentalité à l'ère numérique. Ce partage se fait essentiellement sur Facebook et Instagram. La plupart des plateformes n'ont pas de politique contre le partage de photos d'enfants, mais Facebook demande que les utilisateurs aient au moins 13 ans avant de créer un profil, même si aucune vérification n'est faite.

Les parents qui s'opposent à la publication en ligne de photos et de vidéos de leurs enfants disent qu'il est injuste de prendre des décisions numériques pour un enfant. De plus, certains parents craignent que des photos n'apparaissent dans les moteurs de recherche publics ou ne tombent entre de mauvaises mains. Il faut rappeler que ces clichés poursuivent les enfants jusque dans leur vie d'adulte et peuvent leur nuire dans leurs vies affective et professionnelle.

Les parents doivent avoir conscience que le délai de prescription habituel de cinq ans est reporté pour le jeune majeur, conformément à l'article 2235 du Code civil, la prescription ne démarrant que le jour de sa majorité.

De toute évidence, la notion de propriété des données n'est pas comprise. La question de l'âge à partir duquel nous devenons propriétaires de nos données est également méconnue. Pourtant, en France, la question de la protection des données est ancienne puisqu'elle est encadrée par la loi dite informatique et liberté de janvier 1978, modifiée par la loi relative à la protection des données personnelles promulguée le 20 juin 2018. Cette loi adapte la loi informatique et libertés au « paquet européen de protection des données ». Cet ensemble législatif comprend le règlement général sur la protection des données (RGPD) du 27 avril 2016 directement applicable dans tous les pays européens depuis le 25 mai 2018, ainsi qu'une directive sur les fichiers en matière pénale, dite directive « police ». La loi est donc modifiée sur plusieurs points pour la mettre en conformité avec le RGPD, mais aussi tirer parti des marges de manœuvre qu'il permet.

L'adaptation du rôle de la CNIL et de ses pouvoirs de contrôle et de sanction est précisée. La composition, les missions et les pouvoirs de la CNIL ont été modifiés afin de les adapter à la nouvelle logique de responsabilisation et d'accompagnement des acteurs traitant des données instaurée par le RGPD, qu'il s'agisse par exemple de l'administration ou encore des entreprises. Les formalités préalables auprès de la CNIL sont quasiment toutes supprimées. En complément des missions qu'elle exerçait déjà, la CNIL est depuis chargée : d'établir et de publier des lignes directrices, recommandations ou référentiels destinés à faciliter la mise en conformité des traitements et à procéder à l'évaluation préalable des risques par les responsables de traitement et leurs sous-traitants ; d'encourager l'élaboration de codes de conduite par les acteurs traitant des données ; de produire et de publier des règlements types afin d'assurer la sécurité des systèmes de traitement et de régir les traitements de données biométriques, génétiques et de santé ; de certifier des personnes, des produits, des systèmes de données ou des procédures ; de lister les fichiers pénaux pouvant présenter un risque élevé pour les droits et libertés des personnes.

Concernant les droits des personnes et des mineurs en particulier, la loi fixe à 15 ans la majorité numérique, c'est-à-dire l'âge à partir duquel un enfant peut consentir seul au traitement de ses données, sur les réseaux sociaux par exemple. La loi oblige aussi les écoles, collèges et lycées publics à rendre public le registre de leurs traitements de données scolaires afin de permettre aux parents d'élèves de savoir comment les données de leurs enfants sont traitées.

Auparavant les plateformes fixaient un âge minimum. Il était souvent de 13 ans ; c'est le cas notamment aux États-Unis. La Commission européenne a donc décidé d'harmoniser et de redonner le contrôle des données personnelles aux citoyens. Entre 13 ans et 15 ans, pour s'inscrire sur Snapchat, Instagram, ou encore Twitter, il faut maintenant un double consentement : celui de l'enfant et de ses tuteurs. Autre nouveauté, les informations sur l'utilisation de ces données doivent être rédigées en des termes compréhensibles pour l'enfant, en FALC[3], par exemple. C'est une obligation, sachant que ces plateformes restent strictement interdites pour les mineurs de moins de 13 ans.

Pas d'écran avant 2 ans, puis une heure par jour ensuite, mais du contenu d'une extrême qualité selon American Academy of Pediatrics. Les parents de la Silicon Valley ont parfaitement compris quels étaient les dangers des technologies qu'ils conçoivent ou dans lesquels ils investissent. Il est donc urgent que les parents du reste du monde s'emparent de cette question. Le nombre d'heures passées en ligne par les mineurs devrait nous y encourager. D'autant que nous savons que leurs données sont souvent récupérées par les plateformes, quand ça n'est pas par des pirates informatiques.

Selon NordVPN, les données divulguées en ligne concernent à hauteur de 67 % la date de naissance, les noms et les prénoms à 63,7 %, l'adresse à 58,3 %, le type de relation amoureuse à 38,3 %, les goûts et les aversions à 29,6 %, ainsi que les coordonnées bancaires à 32,8 %. En plus de ces chiffres, un Français sur trois divulgue sans crainte sa taille de vêtements, en ligne. Face à ce partage d'informations en grand nombre, notamment sur les réseaux sociaux, les Français interrogés par le sondage ont répondu qu'ils aimeraient supprimer définitivement certaines informations, dont le fait de fumer de la marijuana (26,5 %), les jeux joués en ligne (22,9 %) et la consommation d'alcool (19,8 %).

Il est donc essentiel de protéger nos enfants sur Internet, pour préserver leur confidentialité en ligne et limiter les risques de cyberattaques. C'est de notre devoir de parents que de nous en assurer.

Une affaire qui a fait date en décembre 2022 restera dans les annales et permet de prendre la mesure de la violation des données des mineurs. Il s'agit de la condamnation de la société Epic Games, éditrice du jeu *Fortnite*, condamnée à une amende de 520 millions de dollars par l'US Federal Trade Commission (FTC). L'autorité de régulation américaine a constaté que l'entreprise avait collecté des données d'enfants de moins de 13 ans, envahi leur vie privée, et incité les joueurs de tous âges à effectuer des achats involontaires.

Epic Games a accepté de s'acquitter de l'amende. La FTC a déclaré que l'accord consistait en deux règlements records qui viennent conclure deux affaires relatives à des plaintes civiles déposées contre Epic. Une plainte déposée devant un tribunal fédéral alléguait que la société avait violé la loi fédérale sur la protection de la vie privée en ligne des enfants en collectant des informations personnelles auprès de joueurs *Fortnite* de moins de 13 ans sans en informer leurs parents ni obtenir un consentement parental vérifiable. Lors de ce procès, la société a également été accusée d'avoir illégalement activé les communications vocales et textuelles en temps réel pour les enfants et les adolescents dans le jeu par défaut. En outre, la FTC a déclaré qu'Epic mettait ces utilisateurs en danger en les mettant en contact avec des étrangers, et par conséquent, certains ont été « intimidés, menacés, harcelés et exposés à des problèmes dangereux et psychologiquement traumatisants tels que le suicide ».

Epic paiera une amende civile de 275 millions de dollars pour les violations présumées de la Children's Online Privacy Protection Act (COPPA)[4] a déclaré la FTC, la plus importante évaluée dans l'application par la commission de la loi sur la confidentialité.

La société a accepté séparément de payer 245 millions de dollars en remboursement aux consommateurs pour mettre fin à la deuxième plainte de la FTC, qui a été déposée devant un tribunal administratif. Elle concerne le règlement le plus important de la FTC qui interdit l'utilisation de « modèles sombres », appelés *dark-patterns*, des tactiques qui piègent les clients pour qu'ils paient des biens et des services et créent des obstacles à l'annulation.

La présidente de la FTC, Lina Khan, a déclaré que la protection du public, en particulier des enfants, contre les atteintes à la vie privée en ligne et les pratiques trompeuses était une priorité absolue. « Ces mesures d'exécution indiquent clairement aux entreprises que la FTC réprime ces pratiques illégales », a-t-elle déclaré.

La deuxième plainte de la FTC concernait les agissements de l'éditeur Epic Game qui a déployé un arsenal tactique très poussé pour générer des achats involontaires de monnaie virtuelle pour acquérir des avantages tels que des tenues et des mouvements de danse dans le jeu *Fortnite*, y compris l'utilisation de boutons contre-intuitifs, incohérents et déroutants. « Ces tactiques ont entraîné des centaines de millions de dollars de frais non autorisés pour les consommateurs », a déclaré Lina Khan.

Dans un communiqué, Epic Games a souhaité dédouaner ses développeurs en indiquant que cette situation n'était pas intentionnelle. L'intentionnalité étant en droit américain un facteur aggravant. Les dirigeants sont allés jusqu'à expliquer qu'ils ne contesteraient pas ces amendes, car la société souhaite être exemplaire en matière de protection des consommateurs et offrir la meilleure expérience à leurs joueurs.

La FTC a en plus constaté qu'Epic avait intentionnellement masqué les fonctionnalités d'annulation et de remboursement pour les rendre plus difficiles à trouver et que la société avait verrouillé les comptes des clients qui contestaient des frais non autorisés auprès de leurs sociétés de cartes de crédit. Y compris dans les cas où Epic Games a accepté de déverrouiller un compte, les consommateurs ont été avertis qu'ils pourraient être bannis à vie s'ils contestaient de futurs frais, a déclaré la FTC.

Fin novembre 2022, Epic Games avait dévoilé un nouveau type de compte conçu pour offrir une expérience sûre et inclusive aux joueurs de moins de 13 ans. Les utilisateurs qui s'y inscrivent ne peuvent pas accéder à des fonctionnalités telles que le *chat* et les achats, à moins d'obtenir le consentement d'un parent ou d'un tuteur. Un modèle sans doute moins rentable compte tenu de ce que je viens de décrire.

Pour se protéger d'abus ou de comportement intrusifs de la part des sociétés éditrices de logiciels de jeux vidéo, d'applications, etc., il est important de mettre en lumière les risques potentiels. Pour cela il faut étudier l'utilisation qui est faite d'Internet, étudier nos principaux déplacements en ligne et ceux de nos enfants. Certaines applications existent pour cela. Tenir un journal de nos activités sur Internet peut s'avérer utile également.

Se renseigner sur les différentes solutions de cybersécurité peut également permettre de se prémunir des dangers. En cas d'une navigation accrue, il faut faire le choix d'un navigateur sécurisé. Opter pour un antivirus ou un programme de stockage sur cloud sécurisé. Les VPN permettent de chiffrer les informations personnelles lorsque nous sommes en ligne. Mais attention, cet outil est aussi utilisé par nos enfants et adolescents pour contourner les interdictions telles que d'aller sur les sites pirates ou les sites pornographiques qui auraient été bloqués en France par la justice.

Il n'y a pas de solution miracle et c'est la raison pour laquelle les outils techniques ne peuvent être considérés comme des solutions idoines. Rien ne remplace le dialogue, la pédagogie et l'éducation.

Cinquième partie

Et l'État dans tout cela ?

« Le droit de l'enfant, c'est d'être un homme : ce qui fait l'homme, c'est la lumière ; ce qui fait la lumière c'est l'instruction. »

Victor Hugo

Ne nous méprenons pas, les technologies font des miracles. Elles ont considérablement amélioré nos vies. Les sources de désordres civilisationnels profonds – polarisation de la société, désinformation, dévoiement de nos démocraties, etc. – que j'ai décrits précédemment, et que nous devons combattre, ne doivent pas nous faire perdre de vue cela. Un retour en arrière n'est pas souhaitable. Les réponses se situent aussi dans la régulation et dans l'éducation. La régulation des entreprises, la régulation de l'innovation, des ingénieurs, et à travers eux la régulation de l'intelligence artificielle.

1

L'évolution législative

À force d'interpellations par leurs administrés, plusieurs parlementaires se sont saisis du sujet de la protection des mineurs et du numérique, un sujet qui embrasse plusieurs problématiques.

Née d'une concertation nationale initiée en 2014 sur les enjeux du numérique, la loi pour une République numérique a été promulguée en 2016. Elle répond au besoin évoqué durant toute la consultation de créer une catégorie juridique pour mieux encadrer les GAFAM[1] : la catégorie d'opérateurs de plateformes en ligne est créée à cette occasion. Cette loi encourage la circulation des données et du savoir à travers l'ouverture des données publiques et d'intérêt général. Elle crée un service public de la donnée et le libre accès aux écrits de la recherche publique. La loi traite également de la protection des citoyens et des consommateurs sur Internet, en inscrivant la neutralité du net dans la loi, mais également les questions de portabilité des données, la loyauté des plateformes et des consommateurs, la protection de la vie privée, avec l'introduction du droit à l'oubli numérique pour les mineurs (inscrit également dans le RGPD).

Le député Bruno Studer, professeur d'histoire et de géographie, est à l'origine des lois sur l'exploitation de l'image des enfants sur Internet[2] et sur le contrôle parental[3]. J'avais été auditionnée par Bruno Studer lors de la préparation de cette loi. La première loi encadre le travail des « enfants influenceurs » sur les plateformes de vidéos en ligne (YouTube, TikTok, Instagram...). L'activité des enfants de moins de 16 ans dont l'image est diffusée sur les plateformes de vidéos en ligne est dorénavant réglementée. Il s'agit de répondre au phénomène croissant des enfants dits « youtubeurs », qu'ils exercent leurs activités dans le cadre d'une relation de travail ou en dehors ; sachant que le phénomène dépasse largement la célèbre plateforme de partage de vidéos et que cela concerne aussi les réseaux sociaux et plus généralement les grandes plateformes (Dailymotion, Facebook, Instagram, Snapchat, TikTok, Twitch, Twitter et Yubo). Les enfants dits « influenceurs » sont désormais protégés. « Qu'il s'agisse de déballer une multitude de jouets de marque, pour en faire la promotion, de déguster des aliments, de dévoiler des scènes de la vie quotidienne, de réaliser des défis, ou des tutoriels », leur activité est considérée comme un travail. Ils bénéficient grâce à cette loi des règles protectrices du Code du travail, tout comme les enfants mannequins, du spectacle et de la publicité. La loi prévoit deux régimes distincts. Le premier, dit *professionnel*, concerne les enfants influenceurs qui participent, dans le cadre d'une relation de travail, à une vidéo diffusée sur une plateforme et dont ils sont le principal sujet. Le second, dit *semi-professionnel*, vise à encadrer la participation d'enfants à des vidéos dans un cadre non lucratif. Dans le premier cas, la plateforme doit obtenir une autorisation administrative préalable sous la forme d'agrément de l'autorité administrative compétente. Dans le second, les parents ou représentants légaux doivent faire une déclaration auprès de l'autorité administrative compétente en cas de dépassement du temps de tournage réglementaire, et de la durée cumulée des vidéos.

Ainsi avant de faire tourner leurs enfants ou de diffuser leurs vidéos, les parents doivent demander une autorisation individuelle ou un agrément auprès de l'administration. Ils sont informés des droits de l'enfant et sensibilisés sur les conséquences de l'exposition de l'image des enfants sur Internet. Les parents ont également une nouvelle obligation financière : une partie des revenus perçus par leur enfant doit être placée à la Caisse des dépôts et consignations jusqu'à leur majorité ou leur émancipation, comme c'est la règle pour les enfants du spectacle. Des sanctions sont prévues pour les parents contrevenants. Pour les « zones grises d'Internet », lorsque l'activité des enfants « influenceurs » ne relève pas d'une relation de travail, une protection est également prévue. Une déclaration doit être faite, au-delà de certains seuils de durée ou de nombre de vidéos ou de revenus tirés de leur diffusion. Les parents sont également sensibilisés et doivent consigner une part des revenus de leur enfant influenceur à la Caisse des dépôts et consignations.

En l'absence d'autorisation, d'agrément ou de déclaration, l'administration peut saisir le juge des référés. Dans le cadre de cette loi, les plateformes sont incitées à adopter des chartes notamment pour favoriser l'information des mineurs sur les conséquences de la diffusion de leur image sur leur vie privée ainsi que sur les risques psychologiques et juridiques, en lien avec les associations de protection de l'enfance. L'Arcom a été chargée de promouvoir la signature de ces chartes. C'est dans ce cadre que j'ai piloté la signature de la charte signée par toutes les plateformes concernées le 17 novembre 2022 au siège de l'Arcom en présence de la présidente de la CNIL, de la défenseure des droits et du défenseur des enfants, son adjoint.

Le texte de loi ouvre explicitement aux mineurs le droit à l'effacement ou à l'oubli, prévu par la loi informatique et libertés du 6 janvier 1978. Sur demande directe des enfants, les plateformes doivent retirer leurs vidéos. Le consentement des parents n'est pas exigé.

La seconde loi dite Studer oblige les fabricants d'appareils connectés (smartphones, tablettes...) à installer un dispositif de contrôle parental et à proposer son activation gratuite lors de la première mise en service de l'appareil. Les parents recourent encore trop peu souvent aux outils de contrôle parental proposés par les géants du numérique (moteurs de recherche, réseaux sociaux, plateformes vidéos à la demande...) et par les fournisseurs d'accès à Internet, qui y sont contraints depuis la loi du 21 juin 2004 pour la confiance dans l'économie numérique. En 2019, seuls 44 % des parents avaient paramétré l'appareil de leur enfant, et 38 % seulement recouraient à des dispositifs dits de contrôle parental.

Face à ce constat, la loi facilite l'accès des parents aux outils de contrôle parental sur les appareils connectés vendus en France. L'activation de ce dispositif devra être proposée gratuitement à l'utilisateur lors de la première mise en service de l'équipement. Seront concernés par ce nouveau système de contrôle parental les ordinateurs, les smartphones, les tablettes, les consoles de jeux vidéo ou les objets connectés comme les télévisions, montres ou enceintes. Les sénateurs français ont sécurisé le dispositif en interdisant le traitement à des fins commerciales, notamment le marketing direct, le profilage ou la publicité ciblée, des données à caractère personnel des enfants, collectées ou générées lors de l'activation du dispositif de contrôle parental. Les fabricants devront s'assurer que les systèmes d'exploitation installés sur leurs appareils, lors de leur mise sur le marché, incluent un tel logiciel. Si besoin, le fournisseur du système d'exploitation devra certifier à la demande du fabricant l'intégration du logiciel de contrôle parental. Les importateurs et les distributeurs devront vérifier que le produit mis sur le marché est bien certifié, de même que les commerçants vendant des appareils d'occasion.

Le respect de ces nouvelles obligations faites aux constructeurs et aux distributeurs sera contrôlé par l'Agence nationale des fréquences (ANFR), déjà en charge de la mise sur le marché des équipements, qui pourra prononcer des sanctions.

Les équipements non conformes ou présentant un risque pourront être interdits de mise sur le marché ou retirés par un arrêté ministériel. Une dernière disposition permet d'harmoniser les fonctionnalités et les caractéristiques techniques des outils de contrôle parental aujourd'hui proposés par les fournisseurs d'accès à Internet, qui doivent l'être à titre gratuit. Il s'agit de garantir un même standard de qualité à tous les foyers.

La loi du 24 juin 2020 visant à lutter contre les contenus haineux sur Internet, dite « loi Avia », du nom de l'avocate et ancienne parlementaire[4] a suscité de vifs débats autour de la liberté d'expression. Le Conseil constitutionnel a censuré de nombreuses dispositions du texte, notamment parce qu'il risquait d'entacher ce principe sacré de liberté d'expression. Les dispositions relatives à la création d'un Observatoire de la haine en ligne rattaché à l'Arcom et la création d'un parquet spécialisé restent cependant d'actualité.

Promulguée en août 2022, la loi confortant le respect des principes de la République[5] est une réponse sur le plan du droit à la question du discours haineux. Un délit de mise en danger de la vie d'autrui par diffusion d'informations relatives à la vie privée, familiale ou professionnelle est créé. Il est puni de 5 ans de prison et 75 000 euros d'amende si la victime est un agent public, un élu ou un journaliste ou si elle est mineure. Une garantie spécifique pour la presse a été apportée par le Sénat. Cette loi reprend ce que prévoyait la loi Avia concernant la lutte contre les sites miroirs. On entend par « site miroir » un site qui reprend des contenus illicites déréférencés ou bloqués par la justice. Une nouvelle procédure à l'encontre de ces sites est donc mise en place.

Par anticipation du règlement européen, le *Digital Services Act*[6], un nouveau régime de modération des contenus illicites est imposé dès le vote de la loi et jusqu'à la fin 2023, aux plateformes en ligne, procédures de traitement des demandes judiciaires, information du public sur le dispositif de modération, évaluation des risques… L'Arcom a reçu pour mission de superviser les processus de modération mis en place par les réseaux sociaux, plateformes de partage de vidéos, moteurs de recherche… et peut prononcer des sanctions financières (jusqu'à 20 millions d'euros ou 6 % du chiffre d'affaires mondial).

La sénatrice Marie Mercier de son côté est à l'origine de la loi qui vise à protéger les victimes de violences conjugales[7]. Il s'agit de la transcription législative des travaux du Grenelle des violences conjugales. Dans son article 23, la loi établit, à juste titre, un lien entre pornographie et violences faites aux femmes ; cela a donc introduit une obligation pour les éditeurs de sites pornographiques de s'assurer de la majorité de leurs visiteurs. Cet article précise qu'il revient désormais aux éditeurs des sites de s'assurer que leurs contenus ne soient pas susceptibles d'être vus par des mineurs. Il introduit une nouvelle procédure de blocage dévolue au président de l'Arcom. Cet article impose au président de l'Arcom d'adresser une mise en demeure auxdits éditeurs de sites, dès lors qu'il constate leur accessibilité possible par les mineurs. Force est de constater que ce dispositif ne s'avère pas efficace, puisque les plateformes pornographiques usent et abusent de manœuvres dilatoires pour ne pas respecter cette loi et laisser en libre accès ces contenus aux mineurs. Sachant qu'en parallèle et à l'heure où j'écris ces lignes, la question du traitement des données des utilisateurs n'a pas été tranchée. Poussés par les associations de défense des droits des enfants, et de défense des droits des femmes, le législateur réfléchi à renforcer le dispositif.

Sur la question spécifique des écrans et des enfants, la sénatrice Catherine Morin-Desailly avait porté un projet de loi en novembre 2018 afin que soient clairement inscrits sur les emballages des écrans numériques (télévisions, tablettes, smartphones, etc.) qu'il existait un danger pour les bébés qui y seraient exposés. Projet pour lequel j'avais aussi été entendue. Comme elle l'expliquait alors, « ce texte traduit les alertes lancées par de nombreux pédiatres, psychiatres, professionnels de santé et de la petite enfance, ainsi que l'Académie des sciences sur les conséquences de l'exposition des jeunes enfants aux écrans pour leur développement ». Ce constat, nous l'avons vu, est conforté par un certain nombre d'enquêtes convergentes sur l'augmentation du phénomène. Afin de sensibiliser et responsabiliser les parents, la proposition de loi crée une obligation pour les fabricants d'outils et de jeux numériques d'assortir les emballages de ces produits d'un message avertissant des dangers pour le développement des enfants de moins de 3 ans.

Toujours dans le souci de mettre en place une véritable politique de prévention, la sénatrice avait également prévu que toute publicité pour des téléviseurs, smartphones, ordinateurs portables, tablettes et jeux numériques, quel que soit son support, devra être assortie d'un message à caractère sanitaire, à l'instar de ce qui est imposé aux messages publicitaires portant sur les boissons sucrées et les produits alimentaires manufacturés.

Dernièrement, en s'appuyant sur les travaux de Catherine Morin-Desailly, la députée Caroline Janvier et un collectif de parlementaires transpartisans appelaient à l'élaboration collective d'une proposition de loi visant à la prévention et la sensibilisation des parents[8]. La tribune se concluait ainsi :

> Cette surexposition pourrait être considérée comme le mal du siècle, car la portée des enjeux et leur caractère inédit dans l'histoire humaine s'imposent à nous. C'est une réflexion autour de cette question fondamentale que nous proposons de porter à l'agenda public. C'est pour

cette raison qu'est lancée la co-construction en ligne d'une proposition de loi sur le sujet, ouverte à toutes et tous. Une proposition de loi pour construire une vraie politique de prévention, sensibiliser les parents, former les professionnels, réguler l'utilisation des écrans dans les lieux d'accueil des enfants. Car c'est aujourd'hui que se joue le développement des générations qui feront la société de demain.

Je l'ai dit précédemment, les plateformes devraient – au minimum – être tenues légalement responsables de faire respecter leur âge minimum déclaré de 13 ans voulu par le RGPD. Les plateformes de réseaux sociaux notamment n'ont pas réussi à le faire en utilisant des méthodes de détection post-hoc. Elles devraient donc être tenues de mettre en œuvre une vérification de l'âge et de l'identité pour tous les nouveaux comptes, comme beaucoup d'autres industries l'ont fait. Les utilisateurs vérifiés pourraient toujours publier sous des pseudonymes, et la vérification pourrait être effectuée par des tiers fiables plutôt que par les plateformes elles-mêmes. Force est de constater que certains pays ont choisi cette voie. La France, qui n'était pas de ceux-là, semble leur emboiter le pas, puisque qu'un projet de loi prévoit de contraindre les réseaux sociaux à refuser l'inscription à leurs services des enfants de moins de 15 ans, sauf si les parents ont donné leur accord. En cas de non-respect de cette obligation, le réseau social se verrait infliger une amende pouvant aller jusqu'à 1 % de son chiffre d'affaires mondial.

2

Un volontariste : le Royaume-Uni

Le Royaume-Uni a été pionnier en matière de réflexion de lutte contre l'exposition des mineurs à la pornographie.

Les Anglais ont d'abord initié le Children's Code (ou The Age Appropriate Design Code). Ce code de bonne conduite n'est pas une nouvelle loi, mais il établit des normes et explique comment le règlement général sur la protection des données s'applique dans le contexte des enfants utilisant des services numériques. Il fait suite à un processus de consultation approfondi qui comprenait des discussions avec les parents, les enfants, les écoles, les groupes de campagne pour enfants, les développeurs, les entreprises de technologie et de jeux et les fournisseurs de services en ligne.

Ces conversations ont contribué à façonner ce code en dispositions efficaces, proportionnées et réalisables. Les entreprises doivent se conformer au code et démontrer que leurs services utilisent les données des enfants de manière équitable et conformément à la loi sur la protection des données.

Le code est un ensemble de 15 normes flexibles – elles n'interdisent ni ne prescrivent spécifiquement – qui offrent une protection intégrée pour permettre aux enfants d'explorer, d'apprendre et de jouer en ligne en garantissant que l'intérêt supérieur de l'enfant est la considération primordiale lors de la conception et développer des services en ligne.

La notion de « haute confidentialité » doit être paramétrée par défaut ; seule la quantité minimale de données personnelles doit être collectée et conservée ; les données des enfants ne doivent généralement pas être partagées ; les services de géolocalisation doivent être désactivés par défaut. Les techniques de nudge, fondées sur des suggestions indirectes, ne doivent pas être utilisées pour encourager les enfants à fournir des données personnelles inutiles, affaiblir ou désactiver leurs paramètres de confidentialité. Le code aborde également les questions de contrôle parental et de profilage.

Par ailleurs, le projet de loi sur la sécurité en ligne (*Online Safety Bill*) concrétise l'engagement manifeste du gouvernement de faire du Royaume-Uni l'endroit le plus sûr au monde pour être en ligne tout en défendant la liberté d'expression. Le projet de loi a été renforcé et clarifié depuis sa publication sous forme de projet en mai 2021 et reflète le résultat d'un examen parlementaire approfondi.

Le projet de loi introduit de nouvelles dispositions pour les entreprises qui hébergent du contenu généré par les utilisateurs, c'est-à-dire celles qui permettent aux utilisateurs de publier leur propre contenu en ligne ou d'interagir entre eux, et pour les moteurs de recherche, qui auront des obligations sur mesure axées sur la minimisation de la présentation de résultats de recherche préjudiciables aux utilisateurs. Les plateformes qui ne protègent pas les personnes devront répondre au régulateur, l'Ofcom, et pourraient faire face à des amendes pouvant aller jusqu'à 10 % de leurs revenus ou, dans les cas les plus graves, être bloquées.

Toutes les plateformes concernées devront supprimer les contenus illicites en ligne, en particulier le matériel lié au terrorisme et à l'exploitation et aux abus sexuels d'enfants.

Les plateformes susceptibles d'être consultées par des enfants auront également le devoir de protéger les jeunes qui utilisent leurs services contre les contenus légaux, mais préjudiciables tels que les contenus d'automutilation ou les troubles de l'alimentation. De plus, les fournisseurs qui publient ou placent du contenu pornographique sur leurs services seront tenus d'empêcher les enfants d'accéder à ce contenu.

Les plateformes les plus importantes et les plus à risque devront traiter des catégories nommées de matériel légal, mais préjudiciable auquel les adultes ont accès, susceptibles d'inclure des problèmes tels que l'abus, le harcèlement ou l'exposition à du contenu encourageant l'automutilation ou les troubles de l'alimentation. Ils devront indiquer clairement dans leurs termes et conditions ce qui est et n'est pas acceptable sur leur site, et le faire respecter.

Ces services auront également le devoir d'apporter des outils d'autonomisation des utilisateurs, donnant aux utilisateurs adultes plus de contrôle sur les personnes avec lesquelles ils interagissent et le contenu légal qu'ils voient, ainsi que la possibilité de vérifier leur identité.

La liberté d'expression sera protégée, car ces lois ne visent pas à imposer une réglementation excessive ou à supprimer du contenu par l'État, mais à garantir que les entreprises disposent des systèmes et des processus nécessaires pour assurer la sécurité des utilisateurs. Des mesures proportionnées éviteront des charges inutiles pour les petites entreprises à faible risque.

Enfin, les plus grandes plateformes devront mettre en place des systèmes et des processus proportionnés pour empêcher la publication ou l'hébergement de publicités frauduleuses sur leur service. Cela permettra de lutter contre les publicités frauduleuses nuisibles qui peuvent avoir un effet dévastateur sur leurs victimes.

« Ces nouvelles dispositions sur la sécurité en ligne feront d'Internet un endroit plus sûr pour tout le monde au Royaume-Uni, en particulier les enfants, tout en garantissant que chacun puisse jouir de son droit à la liberté d'expression en ligne », a déclaré le rapporteur de la loi.

Pour les enfants, ces nouvelles lois signifieront que toutes les entreprises concernées doivent évaluer les risques et prendre des mesures pour lutter contre les activités illégales qui menacent la sécurité des enfants.

De plus, les plateformes susceptibles d'être consultées par des enfants devront empêcher l'accès aux contenus préjudiciables aux enfants, comme la pornographie. Elles veilleront également à ce qu'il y ait de solides protections contre les activités préjudiciables aux enfants, tels que l'intimidation ou le cyberharcèlement.

Si un enfant rencontre un contenu ou une activité préjudiciable, les parents et les enfants pourront le signaler facilement. Les plateformes seront tenues de prendre les mesures appropriées en réponse.

Elles auront également le devoir de signaler tout contenu d'exploitation et d'abus sexuels d'enfants qu'elles rencontrent à la National Crime Agency, afin d'aider les forces de l'ordre à éradiquer ce crime épouvantable. En décembre 2021, après plusieurs mois d'examen, la commission mixte a considéré qu'il fallait encore plus renforcer ce projet de loi. Elle a fait une série de recommandations. Afin que le projet de loi soit totalement aligné avec le droit commun, la commission a proposé d'introduire plusieurs nouvelles infractions pénales relatives au *cyberflashing* (forme de harcèlement sexuel qui consiste à envoyer des photos non sollicitées de son pénis, en profitant des failles de sécurité des smartphones situés à proximité), aux insultes racistes, misogynes, et à la haine envers les personnes LGBTQ+ et les personnes handicapées. Les recommandations visaient clairement à mettre fin à l'autorégulation, en faisant notamment désigner un « contrôleur de sécurité » au sein des entreprises qui serait juridiquement responsable en cas de manquement répétés et systémiques.

La commission a aussi préconisé l'adoption d'une approche de la sécurité des enfants en ligne basée sur le respect de leurs droits en s'alignant sur l'*Age Appropriate Design Code*, qui défini ce qui est considéré comme dangereux pour les mineurs.

Les départs de Boris Johnson et de Liz Truss ont fait prendre beaucoup de retard à ce projet de loi, mais le projet désormais en passe d'être enfin transmis à la Chambre des lords.

3

En Europe

La directive européenne relative à la fourniture de services de médias audiovisuels, dite « directive SMA » de 2018, a été une première étape importante. Elle régit l'ensemble des médias audiovisuels, y compris les services vidéo par Internet.

La révision de cette directive qui ne concernait auparavant que la télévision classique et les services de vidéo à la demande renforce également la protection des mineurs contre les contenus violents ou nocifs, ainsi que contre les discours de haine. À cet effet, elle attribue une responsabilité précise aux plateformes de partage de vidéos (comme YouTube) ou aux réseaux sociaux comme Facebook et Instagram.

Par le règlement « Platform to Business » du 20 juin 2019 qui promeut l'équité et la transparence pour les entreprises utilisatrices de services d'intermédiation en ligne[1], l'Union européenne entend aujourd'hui instaurer dans les relations contractuelles des acteurs de l'économie numérique, plus de loyauté et de transparence. Cette réglementation en amont des relations entre professionnels influe nécessairement sur la relation en aval avec le consommateur : « Garantir la transparence et la confiance au sein de l'économie des plateformes en ligne dans les relations entre entreprises pourrait également indirectement renforcer la confiance des consommateurs dans l'économie des plateformes en ligne. » La loi encadre les conditions générales d'utilisation (CGU) qui devront être facilement compréhensibles.

La grande avancée est le *Digital Services Act* (DSA), voté le 5 juillet 2022 par le Parlement européen et formellement adopté par le Conseil de l'Union européenne le 4 octobre 2022, pour une entrée en vigueur en 2024. Ce texte, qui vise les grandes plateformes numériques américaines qui agissent au niveau mondial, tend à rendre illicite en ligne ce qui l'est hors ligne. Le DSA est un ensemble de règles pour responsabiliser les plateformes numériques et lutter contre la diffusion de contenus illicites ou préjudiciables ou de produits illégaux : attaques racistes, images pédopornographiques, désinformation, vente de drogues ou de contrefaçons...

Dans les grands objectifs de cette législation européenne, on retrouve le souhait de mieux protéger les internautes européens, dont les mineurs, ce qui vient renforcer la directive des services de médias audiovisuels (SMA). Mieux protéger les droits fondamentaux des internautes (liberté d'expression, protection des consommateurs...). Le texte renforce le contrôle démocratique et la surveillance des très grandes plateformes et il atténue des risques systémiques, tels que la manipulation de l'information ou la désinformation.

Nous avions bien des textes en France, relatifs au sujet, tels que la loi dite infox de 2018, la loi Avia, les lois Studer. Mais l'avantage et le mérite du DSA sont que ce texte européen s'appliquera aux vingt-sept pays de l'État de l'Union. Une réponse européenne pour des entreprises qui agissent au niveau mondial.

Le règlement sur les marchés numériques, le *Digital Markets Act* (DMA) entré en vigueur le 9 mai 2023. C'est un des autres grands chantiers de l'Union européenne. Là encore nous ne pouvons que saluer cette avancée. Cette nouvelle législation vise à encadrer un peu plus l'activité des géants du numérique, en luttant notamment contre leurs pratiques anticoncurrentielles. Leur domination sur le marché numérique européen et mondial n'étant plus à démontrer. En Europe, les GAFAM représentent un chiffre d'affaires comparable aux recettes fiscales de la France. On recense plus de 10 000 plateformes en ligne qui opèrent aujourd'hui en Europe, mais seules les plus grandes, celles qui ont un modèle systémique captent l'essentiel de la valeur du marché numérique européen.

Le DMA vise à réintroduire le principe de loyauté concurrentielle, notamment au profit des petites et moyennes entreprises et des start-up européennes. L'ambition de ce texte est aussi d'encourager l'innovation, la croissance et la compétitivité, mais aussi de renforcer la liberté de choix des consommateurs européens.

Le DMA vient compléter le droit de la concurrence puisqu'il intervient en amont, là où le droit de la concurrence intervient *a posteriori* sur les ententes et abus de position dominante. Les enquêtes nécessitant beaucoup de temps, les amendes prononcées par la Commission européenne ou par les autorités nationales de la concurrence interviennent souvent très tard. C'est à quoi incitent souvent les entreprises : s'engager dans des procédures dilatoires.

L'Union européenne s'intéresse aussi à l'intelligence artificielle. Le 21 avril 2021, la Commission européenne a présenté une nouvelle proposition de règlement sur l'intelligence artificielle : *Artificial Intelligence Act* (*AI Act*).

Cette réflexion avait été lancée en 2020 par la remise d'un livre blanc, suivie d'une consultation publique. Ce nouveau règlement propose de veiller à ce que les systèmes d'IA mis sur le marché européen soient sûrs et respectent les droits fondamentaux des citoyens et les valeurs de l'Union européenne. De garantir la sécurité juridique pour faciliter l'investissement et l'innovation dans l'IA. De renforcer la gouvernance et l'application effective de la législation existante sur les droits fondamentaux et les exigences de sécurité applicables aux systèmes d'IA. Et enfin de faciliter le développement d'un marché unique pour les applications d'IA légales, sûres et dignes de confiance et prévenir la fragmentation du marché.

L'*AI Act* s'appliquera aux fournisseurs d'IA et aux utilisateurs européens, mais aussi aux fournisseurs et utilisateurs des pays tiers qui utiliseraient les résultats d'une IA dans l'Union européenne. La philosophie et la structure de l'*AI Act* s'apparentent à celles du RGPD, qui lui aussi avait été initié par la France.

Enfin et pour renforcer toujours un peu plus la protection des mineurs, la Commission européenne a proposé en mai 2022 un règlement sur le matériel pédopornographique, le *child sexual abuse material* (CSAM). Ce nouveau règlement interviendrait pour prévenir et combattre les abus sexuels d'enfants en ligne. Les nouvelles règles établissent la création d'un nouveau centre européen indépendant sur les abus sexuels envers les enfants (*Centre de l'UE*), des obligations claires pour les fournisseurs de services en matière de détection, de signalement, de suppression et de blocage de l'accès au matériel pédopornographique en ligne, ainsi que des mesures spécifiques de prévention, de poursuite et de responsabilités de protection des autorités nationales[2].

4

Aux États-Unis, la liberté en question

Les États-Unis sont le pays à s'être emparé du sujet en premier. Avec la difficulté qui est la leur de réguler, sans entacher les sacro-saintes liberté d'entreprendre et liberté d'expression. Appeler à la régulation ne va pas de soi, même si les élus américains ont bien conscience que convoquer les géants du net après chaque drame n'a plus vraiment de sens ni d'effet. Le sénateur américain Josh Hawley a fait les frais de cette équation impossible lorsque, au printemps 2019, il a tenté de faire interdire les *lootboxes*, ces bonus aléatoires qui envahissent les jeux vidéo et qui sont sous le feu des critiques des associations de protection des consommateurs, des joueurs et des parents de joueurs. Selon eux, certains éditeurs intégreraient des *lootboxes* dans leurs jeux pour manipuler artificiellement la progression et la difficulté afin de pousser les joueurs à payer. ElectronicArts, l'éditeur de *Star Wars: Battlefront II* ou encore *FIFA*, étant le plus emblématique, les joueurs ont dénoncé à leurs sorties le fait d'avoir à acquérir plusieurs bonus payants pour aller au bout.

Le projet de loi du sénateur démocrate, visant à interdire ces *pay-to-win* accessibles aux mineurs, fut balayé d'un revers de main lors de sa présentation. L'industrie du jeu vidéo, emmenée par la puissante association américaine Entertainment Software Association (ESA), partisane de l'autorégulation, a mis en avant le fait que les revenus des microtransactions (environ 15 milliards d'euros par an) ne pouvaient s'apparenter à des jeux d'argent. Il faut dire que cette industrie s'est construite sur le principe de l'autorégulation ; les nomenclature de signalétique ESRB aux États-Unis et PEGI en Europe, qui indiquent le bon âge auquel acquérir le jeu, en sont de très bons exemples. Cette classification va plus loin que la signalétique audiovisuelle puisqu'elle indique précisément le contenu du jeu, *lootboxes* comprises.

À l'instar des États-Unis, l'Europe et la France se penchent régulièrement sur ce sujet mais, à ce stade, rien ne permet de démontrer que les gains acquis dans ces jeux se font dans le même esprit que les jeux de hasard. En France, selon de Code de la sécurité intérieure, il faut cumuler trois critères pour qualifier un jeu de « jeu d'argent et de hasard » : un sacrifice financier, une offre publique et l'espérance d'un gain. Cette espérance de gain ne fait pas partie de la promesse des jeux vidéo. En revanche l'information des consommateurs pourraient être renforcée, comme PEGI et ESRB s'y emploient, pour faire comprendre que le prix d'achat initial d'un jeu peut varier considérablement.

Les parlementaires californiens ont adopté en septembre 2022 un texte destiné à obliger les réseaux sociaux comme Instagram et TikTok ou les plateformes de jeux *via* Internet à faire passer l'intérêt des enfants avant leurs profits. Le texte doit désormais être signé par le gouverneur Gavin Newsom pour devenir définitivement une loi et être appliqué dans cet État qui abrite la Silicon Valley et ses géants de la tech. Toutes les entreprises offrant des services en ligne dédiés aux moins de 18 ans ou susceptibles d'être utilisés par des mineurs « devront tenir compte de l'intérêt supérieur des enfants lors de la conception, du développement et de la fourniture [de leurs services] », y est-il affirmé. « En cas de conflit entre les intérêts commerciaux et l'intérêt supérieur des enfants, les entreprises devront donner la priorité à la vie privée, à la sécurité et au bien-être des enfants sur les intérêts commerciaux », est-il ensuite ajouté dans le texte prévu pour entrer en vigueur en 2024. Les réseaux sociaux sont régulièrement accusés d'avoir des effets néfastes sur les plus jeunes utilisateurs, en les surexposant par exemple aux vies apparemment idéales d'autres personnes ou à des publicités inappropriées. La loi obligera les plateformes à installer par défaut les paramètres offrant un haut niveau de protection des données pour les mineurs. Elle leur interdira par ailleurs de collecter, partager ou vendre toute information personnelle non nécessaire au bon fonctionnement du service. Elle veut aussi empêcher les réseaux sociaux d'utiliser toute fonctionnalité dont ils savent qu'elle porte atteinte à la santé, physique ou mentale, des plus jeunes utilisateurs. La loi californienne, la première de ce genre aux États-Unis, s'inspire du texte britannique. « Nous avons vu grâce à la loi britannique que les entreprises de la tech peuvent être réglementées », a souligné la principale autrice du texte, la démocrate Buffy Wicks, dans un communiqué. Si la loi est promulguée par le gouverneur, les parlementaires « [espèrent] que ce modèle sera imité par d'autres États américains, et d'autres pays à travers le monde ». Certains critiques ont déjà appelé M. Newsom à rejeter le texte, à l'instar de l'association NetChoice représentant des entreprises offrant des services en ligne.

Le 11 mai 2021, les sénateurs Edward J. Markey (démocrate) et Bill Cassidy (républicain) ont présenté le projet de loi sur la protection de la vie privée en ligne des enfants et des adolescents, une législation visant à mettre à jour les règles de confidentialité des données en ligne pour le XXIe siècle et à garantir que les enfants et les adolescents sont protégés sur Internet. La législation actualise la loi sur la protection de la vie privée en ligne des enfants (COPPA) en interdisant aux sociétés Internet de collecter des informations personnelles sur toute personne âgée de 13 à 15 ans sans le consentement de l'utilisateur ; créer un « bouton gomme » en ligne en obligeant les entreprises à permettre aux utilisateurs d'éliminer les informations personnelles d'un enfant ou d'un adolescent ; et la mise en œuvre d'une « charte des droits du marketing numérique pour les mineurs » qui limite la collecte d'informations personnelles auprès des adolescents. Le projet de loi établit également une division de la confidentialité et du marketing pour les jeunes, la première du genre, à la Federal Trade Commission (FTC), qui sera chargée de veiller à la confidentialité des enfants et des mineurs et du marketing destiné aux enfants et aux mineurs.

Pour NetChoice, ces deux textes représentent des « réglementations bien trop contraignantes qui nuisent aux familles et enfreignent le premier amendement de la Constitution américaine », qui précise que : « Le Congrès n'adoptera aucune loi relative à l'établissement d'une religion, ou à l'interdiction de son libre exercice ; ou pour limiter la liberté d'expression, de la presse ou le droit des citoyens de se réunir pacifiquement ou d'adresser au gouvernement des pétitions pour obtenir réparation des torts subis. »

Suivre les mouvements en ligne des enfants et des adolescents et collecter leurs données personnelles est aujourd'hui une pratique répandue et préjudiciable parmi les sites Web, les applications et les acteurs en ligne de toute sorte, comme l'a dernièrement démontré le cas FTC vs Epic Games. Aujourd'hui, les entreprises collectent et partagent des informations sur les enfants et les adolescents, en compilant des dossiers numériques détaillés à des fins de monétisation. Plus de 90 % des parents conviennent que les règles existantes en matière de confidentialité des enfants devraient être étendues aux adolescents, et la nécessité d'un ensemble complet de protections pour protéger la vie privée des enfants et des adolescents en ligne est devenue beaucoup plus urgente, car le temps passé en ligne par les jeunes a explosé ces dernières années. Les enfants manquent de capacités cognitives clés pour passer du temps en ligne en toute sécurité, mais pendant la pandémie de Covid-19, leur utilisation d'Internet a doublé et plus d'un adolescent sur quatre déclare utiliser les médias sociaux « presque constamment ».

Frances Haugen est la dernière repentie en date. Elle milite aujourd'hui pour que les réseaux sociaux soient responsables du contenu qu'ils publient et pour plus de transparence. Spécialiste de la gestion algorithmique des produits, elle a travaillé sur les algorithmes de classement chez Google, Pinterest, Yelp et Facebook. En 2019, elle est recrutée sur Facebook pour être la cheffe de produit principale de l'équipe Civic Misinformation, qui traitait des questions liées à la démocratie et à la désinformation, et a également travaillé plus tard sur le contre-espionnage.

Pendant sa mission chez Facebook, Frances Haugen a constaté que l'entreprise consacrait davantage de ressources à limiter ses effets néfastes en Occident, au détriment du reste du monde.

Lors d'une réunion des présidents des autorités de régulation audiovisuelle et numérique membres du REFRAM, le réseau francophone des régulateurs des médias audiovisuels et numériques, en octobre à l'UNESCO à Paris sous l'égide de l'Arcom, les présidents des autorités de régulation de la communication et de l'audiovisuel des pays du Maghreb et des pays d'Afrique subsaharienne n'ont pas manqué de confirmer ses dires. Ils ont témoigné leur désarroi face à la désinformation des puissances étrangères, et à l'absence de réaction des équipes des grandes plateformes de réseaux sociaux, sur lesquels se propage cette désinformation. Ces équipes de modération étant très souvent basées en Europe, loin des pays concernés, les régulateurs se retrouvent donc face à eux-mêmes, dans l'incapacité de trouver un interlocuteur.

Les documents sur lesquels s'appuie Frances Haugen attestent que ces effets sont connus en interne, mais les signaux d'alerte ne sont pas toujours pris en compte. Enfin, ils prouvent que les algorithmes de Facebook sont devenus d'une complexité telle qu'ils semblent parfois échapper à leurs propres auteurs. Compte tenu de l'absence de réaction de son employeur, Frances Haugen décide de fournir des centaines de documents internes à Facebook au Congrès américain et aux régulateurs FCC (Federal Communications Commission) et SEC (Securities and Exchange Commission). Un reportage réalisé par le *Wall Street Journal* sous le titre de « The Facebook Files » est à l'origine de ce scandale. Facebook, très affecté par ces révélations, finira par changer de nom pour devenir Meta.

Frances Haugen a déposé une série de plaintes auprès du gouvernement fédéral américain, affirmant que l'entreprise avait induit le public et les investisseurs en erreur sur la manière dont elle gère des problèmes tels que le changement climatique, la désinformation et les discours de haine, et l'impact de ses services sur la santé mentale des enfants et des jeunes adultes. Notamment celle d'Instagram, dont elle a dénoncé la dissimulation par son ex-employeur des études montrant la toxicité pour la santé mentale des adolescents et la perversité d'un modèle économique qui pousse à l'addiction et à la course aux followers pour maximiser la collecte de données et les profits. Adam Mosseri, le CEO d'Instagram, qui tentait depuis des mois de convaincre de la nécessité de créer un Instagram pour enfants, fut contraint de faire machine arrière. Pour Frances Haugen, il est temps de considérer les phénomènes d'enfermement mental que peuvent induire certains réseaux sociaux comme une question majeure de santé publique. Ce que les États ont imposé aux grands groupes cigarettiers, ne peuvent-ils pas l'exiger des géants du Web ? Sinon, il faudra se contenter de déplorer, au fil des ans, les conséquences sociétales et politiques de l'isolement accru des générations émergentes.

En France, comme à l'étranger, force est de constater que les textes de loi existent, les initiatives dites de droit souple également. Depuis longtemps, le législateur considère que la protection des mineurs doit être renforcée. C'est tout le sens de la loi du 30 septembre

1986[1] qui a confié au Conseil supérieur de l'audiovisuel, et désormais à l'Arcom, d'y veiller. Sur les médias traditionnels le dispositif législatif est respecté. En revanche, sur le numérique, compte tenu de la diversité des modèles des plateformes numériques et des supports, la mise en application des textes n'est pas optimale, car difficile à appréhender. C'est notamment le cas pour le contrôle de l'âge.

La nature des solutions de vérification d'âge pour contrôler l'accès des mineurs à certains contenus en ligne, comme ceux susceptibles de nuire à leur épanouissement physique, mental ou moral, peut parfois entrer en conflit avec le droit à la vie privée. Mais les solutions existent et sont testées dans de nombreux pays. Malheureusement, en France, le constat est sans appel. Aujourd'hui, presque aucun service en ligne n'utilise de procédé satisfaisant permettant de vérifier l'âge de ses utilisateurs. Les méthodes à l'étranger sont perfectibles, afin d'être plus faciles à mettre en œuvre, plus contraignantes et respectueuses de la vie privée des utilisateurs, plus performantes et robustes face aux tentatives de fraude, mais rien n'empêche que ces procédés soient mis en place dès à présent sur les plateformes de vidéo pornographiques.

Certaines solutions sont intrusives en matière de collectes de données à la fois pour les utilisateurs mineurs mais aussi majeurs, en ce sens que la vérification d'âge peut être un prétexte pour collecter davantage de données et de les croiser avec les données existantes ou celles d'entreprises partenaires. Ce qui est certain, c'est que les systèmes auto-déclaratifs sont à bannir.

La notion d'acceptabilité sociale entre également en jeu quand on aborde la question de la vérification de l'âge. Comme le rappellent le PEReN et la directive SMA, les méthodes doivent être proportionnées et adaptée au niveau de risque encouru par un mineur si celui-ci déjouait la vérification. La plateforme doit être en mesure de proposer des solutions différentes à l'utilisateur afin de lui laisser le choix. Enfin, le mécanisme de double anonymat semble indispensable. Ce mécanisme repose sur une séparation entre la plateforme à accès contrôlé et l'entité qui effectue la vérification de l'âge. Cet aspect ne pouvant être pris par les plateformes elles-mêmes, et notamment les plateformes pornographiques. Dans un rapport de 2022 du PEReN, l'ouverture du code source et l'interopérabilité de la solution ressortent comme des critères nécessaires à son acceptabilité.

5

Ne plus décorréler l'éthique de l'innovation

L'État et les lois ne peuvent pas tout, loin de là. Les lois concernent souvent un pays, alors que les entreprises du numérique agissent toujours à l'échelle du monde. Le Web par essence a été conçu pour supprimer les frontières. Il faut donc aussi se pencher sur le problème en amont, au moment de la conception de nos outils de communication numériques. Commencer par permettre à la recherche d'accéder aux données des géants du numérique est essentiel et serait un bon début. L'étude historique sur la propagation des phénomènes de désinformation sur Twitter en est l'exemple le plus symbolique.

Nous l'avons vu, la prise de contrôle de l'espèce humaine par une intelligence artificielle consciente est un sujet largement exploré par la littérature et les films de science-fiction. *2001, l'Odyssée de l'espace*, de Stanley Kubrick, est de ce point de vue magistral. Sur les questions de contrôle et, plus généralement, sur l'évolution de la relation homme-machine, des écrits, comme ceux du statisticien Irving John Good sur les perspectives d'une « explosion de l'intelligence » sont très éclairants. Les travaux du mathématicien et auteur de science-fiction Vernor Vinge sur la marche inévitable vers une « singularité » de l'IA suggèrent aussi que des changements majeurs pourraient découler de la montée irrépressible de puissantes intelligences informatiques.

En 2014, alors qu'il était interrogé par la BBC sur une refonte de la technologie qu'il utilise pour communiquer, qui reposait en partie sur de l'intelligence artificielle, Stephen Hawking a déclaré que « le développement de l'intelligence artificielle complète pourrait sonner le glas de la race humaine ». Il affirme que les formes primitives d'intelligence artificielle développées jusqu'à présent se sont déjà révélées très utiles, mais il craint les conséquences de la création de quelque chose qui peut égaler ou surpasser les humains. Stuart Russell, éminent informaticien connu pour ses contributions en matière d'intelligence artificielle, redoute lui aussi que l'IA acquiert un jour la capacité de se reconcevoir à un rythme de plus en plus rapide. L'« explosion d'intelligence » imparable pourrait conduire à l'extinction humaine. Co-fondateur de OpenAI, Elon Musk n'a pas hésité lui aussi en 2015 à caractériser l'IA comme la « plus grande menace existentielle » de l'humanité, lors d'une prise de parole devant des étudiants du MIT. Son argumentaire se fonde sur le fait que personne ne demande aux dirigeants des sociétés qui y travaillent de respecter des normes de responsabilité et de prudence suffisamment élevées.

Max Tegmark, professeur de physique au MIT illustre assez bien cette crainte de l'IA en insistant sur le fait que l'humanité ne veut pas apprendre de ses erreurs. En 2017, dans le magazine *Vanity Fair*, il déclarait : « Quand nous avons eu le feu et que nous l'avons laissé s'emballer, nous avons inventé l'extincteur. Lorsque nous avons eu des voitures et que nous avons manqué de prudence, nous avons inventé la ceinture de sécurité, l'airbag et les feux de circulation. Mais avec les armes nucléaires et l'IA, nous ne voulons pas apprendre de nos erreurs. Nous voulons planifier à l'avance. » Nick Bostrom, d'Oxford, a fait valoir dans son essai *Superintelligence* qu'un système d'IA mal conçu serait impossible à corriger une fois déployé. Il développe aussi longuement l'idée d'un système d'IA qui deviendrait facilement meilleure que l'être humain. Toujours dans *Vanity Fair*, Sam Altman, président de Y Combinator et co-fondateur d'OpenAI, a déclaré que dans les prochaines décennies, l'humanité se dirigerait soit vers l'autodestruction, soit vers des descendants humains meilleurs qui finiraient par coloniser l'univers. Il s'attend à ce que l'IA dépasse l'intelligence humaine. Dans une interview au magazine *Vox* il dit qu'« il est difficile de comprendre à quel point l'IA au niveau humain pourrait bénéficier à la société, à quel point elle pourrait nuire à la société si elle était construite ou utilisée de manière incorrecte ».

Restons optimistes, car finalement ces préoccupations qui pourraient s'apparenter à du pessimisme technologique, sont en réalité une croyance dans le potentiel de transformation exceptionnel de l'IA et un appel à remettre l'éthique au centre de la recherche.

C'est de là qu'est née OpenAI. Co-fondée par Elon Musk et Sam Altman, la démarche de OpenAI est à suivre. Cette organisation à but non lucratif a été créée fin 2015 pour atténuer les dangers inhérents à l'intelligence artificielle. Les recherches de cette organisation se sont concentrées depuis sur des contributions positives à long terme pour l'humanité, notamment dans le domaine de l'éducation, de la santé, de la transition écologique. Le fondement de base d'OpenAI est que l'IA devrait être une extension de la volonté humaine individuelle et, dans un esprit de liberté, aussi largement et équitablement distribuée que possible. Après une levée de fonds de plus de 1 milliard de dollars, l'organisation est devenue, en 2019, une entreprise à but lucratif plafonnée pour attirer de nouveaux capitaux et permettre à ses investisseurs d'accéder de façon prioritaires aux recherches. Une règle qui plafonne les rendements à cent fois la valeur des investissements. Cela ne décourage donc pas les investisseurs. Microsoft devient partenaire la même année après un investissement de 1 milliard de dollars pour permettre d'améliorer ses technologies d'intelligence artificielle.

Des histoires de science-fiction bien connues ont inclus des réflexions sur la nécessité et la valeur d'établir des règles de comportement pour les systèmes autonomes. Les plus connues étant les « trois lois de la robotique » décrites dans la série *Les Robots* de l'écrivain américain d'anticipation Isaac Asimov[1]. Dans ce recueil de neuf nouvelles, celle qui s'intitule *Menteur !* introduit la notion des trois lois :

– un robot ne peut porter atteinte à un être humain ni, restant passif, laisser cet être humain exposé au danger ;
– un robot doit obéir aux ordres donnés par les êtres humains, sauf si de tels ordres entrent en contradiction avec la première loi ;
– un robot doit protéger son existence dans la mesure où cette protection n'entre pas en contradiction avec la première ou la deuxième loi.

Cette vision est devenue réaliste. Elle ne semble plus impensable pour de nombreux chercheurs, qui estiment que la prise de contrôle est amorcée depuis quelque temps.

C'est également la préoccupation de l'emblématique Association for the Advancement of Artificial Intelligence (AAAI) créée en 1979 sous l'impulsion d'Allen Newell, grand chercheur en informatique et psychologie cognitive. Son objectif, soutenir les travaux de recherche favorisant une meilleure compréhension des phénomènes d'intelligence artificielle, et leur mise en pratique. L'association travaille aussi sur des programmes de vulgarisation destinés au grand public. Chaque année, elle organise des conférences. Des scientifiques spécialisés en robotique et en intelligence artificielle sont réunis à huis clos pour échanger sur les risques de dérives, notamment liées à la perte du contrôle humain sur les systèmes informatiques qui supportent une part croissante de la charge de travail de la société, de faire la guerre à la relation client par *chat*.

La puissance des microprocesseurs et leurs avancées fulgurantes ont de quoi nous faire tirer la sonnette d'alarme. Pour la première fois de l'histoire des technologies, les processeurs augmentent de 50 % tous les deux ans depuis leur création. Concrètement, qu'est-ce que cela implique pour nous ? Les logiciels sémantiques sont aujourd'hui capables de mener des conversations de plus en plus sophistiquées. Les objets (les voitures, les armes, etc.) deviennent autonomes. Cette sophistication technologique peut légitimement laisser craindre une perte de contrôle. C'est pourquoi les scientifiques veulent définir des limites.

Les dérives décrites précédemment nous obligent. C'est la raison pour laquelle il faut remettre la notion d'éthique au centre de l'innovation technologique.

En 2009, dans une cadre d'une des conférences annuelles de l'AAAI (voir l'annexe p. 259), une étude fut menée pour explorer et traiter les influences sociétales potentielles à long terme de la recherche et du développement de l'intelligence artificielle. Les chercheurs présents passèrent en revue les attentes et les incertitudes concernant le développement d'intelligences artificielles de plus en plus performantes, y compris la perspective que les systèmes informatiques atteindront des capacités de « niveau humain » dans certains cas, ou surpasseront l'intelligence humaine dans d'autres domaines. Le panel de scientifiques évalua les questions sociétales et techniques mises en évidence avec l'essor de l'intelligence artificielle compétente. Comment, par exemple, répondre à cette question récurrente : jusqu'à quel point les succès de l'IA peuvent-ils conduire à des changements perturbateurs ?

La délibération du comité de chercheurs présents porta sur le potentiel de perte de contrôle humain des intelligences informatiques et, plus généralement, la possibilité de changements fondamentaux dans le monde découlant des développements de l'IA. Au-delà des préoccupations concernant le contrôle, le comité fit un focus sur les problèmes socio-économiques, juridiques et éthiques potentiels qui pourraient découler de l'essor d'un calcul intelligent compétent, des changements dans les perceptions de l'intelligence artificielle et des changements probables dans les relations homme-ordinateur.

Le besoin de solutions était à l'ordre du jour. Et des réflexions ont été menées sur les actions à prendre de manière proactive au fil du temps dans les domaines de l'analyse préparatoire, des pratiques ou des mécanismes afin d'améliorer les résultats sociétaux à long terme. Compte tenu du développement rapide de l'IA et de l'omniprésence dans nos foyers, pouvons-nous nous permettre de lui faire confiance aveuglément ? Qu'advient-il des données collectées par les enceintes vocales, qui trônent en masse dans les chambres de nos enfants ? L'IA a-t-elle la capacité de manipuler les réponses aux questions que nous lui posons ? Est-elle capable de mensonge ?

Les travaux effectués au sein de l'AAAI font écho aux conclusions de nombreux chercheurs et scientifiques. J'aurais pu également citer le travail de sir Tim Berners-Lee très impliqué dans sa fondation et au MIT dans le développement d'un Internet ouvert plus vertueux. Un Internet comme à ses débuts, qui ne soit pas seulement aux mains de quelques entreprises.

Les pionniers du Web sont devenus les premiers lanceurs d'alerte. Purs produits de la Silicon Valley, ces concepteurs de l'Internet social sont sensibles aux enjeux éthiques et sociétaux. Ils n'hésitent plus à contester les travers de leurs employeurs.

Lors d'un entretien donné au magazine *Cheddar*, Tony Fadell, co-créateur de l'iPod, a émis l'hypothèse que si Steve Jobs était encore en vie aujourd'hui, il voudrait répondre aux préoccupations sociétales croissantes concernant la dépendance à la technologie. Tony Fadell rappelait combien cette question était essentielle pour lui de son vivant.

S'ajoutant à eux les alertes des ingénieurs ou anciens dirigeants des géants du numérique, à l'instar des témoignages du film documentaire de Jeff Orlowski *Derrière nos écrans de fumée* : Tristan Harris, ancien éthicien de la technologie de Google, Aza Raskin, inventeur du scroll infini, Justin Rosenstein, co-créateur du bouton « j'aime » de Facebook, Guillaume Chaslot, à l'origine de l'algorithme de recommandation de YouTube, jusqu'à Frances Haugen plus dernièrement.

C'est une excellente nouvelle que les chercheurs, les concepteurs du Web et les anciens dirigeants de la Silicon Valley réfléchissent ensemble à faire évoluer les choses. Mais ils ne peuvent être seuls à se remettre en question et tenter de trouver des solutions. Leurs travaux doivent se conjuguer à une remise à plat législative, à un respect des droits des enfants et à un changement profond de nos habitudes.

Comme je le disais précédemment, les initiatives des pionniers de la tech et des anciens employés des grandes entreprises de technologies plaident toutes pour réintroduire des règles déontologiques plus strictes et surtout le respect de ces règles. L'affaire des Facebook Files a démontré que les entreprises sont conscientes des dommages collatéraux causés par leurs plateformes, notamment sur les jeunes. L'enquête du *Wall Street Journal* parue en septembre 2021 a mis au jour le fait que Facebook menait depuis des années des études en interne sur les effets délétères d'Instagram sur les mineurs. Dans le prolongement de cette enquête, plus de deux cents pages de documents ont été publiées par Frances Haugen, ancienne employée de Facebook devenue lanceuse d'alerte. Dans le cadre de ces études internes, il a été demandé à des adolescents de formuler ce qui selon eux posait problème. Ils ont majoritairement déclaré déplorer la quantité de temps qu'ils y passaient. L'étude mentionne le terme de « toxicomanie », en ce sens où les adolescents interrogés disent qu'ils aimeraient s'en détacher, mais qu'ils ne peuvent pas s'en passer. Ce que ces études et documents révèlent également, c'est que les chercheurs de Facebook ont aussi à réfléchir au moyen de lutter contre ces problématiques devenues mondiales se fondant sur les déclarations des adolescents interrogés. Pour plus de 30 % d'entre eux, Facebook devrait leur rappeler de faire une pause, ou les encourager à fermer l'application, ce qui annihilerait le syndrome de la « peur de manquer quelque chose ».

Time Well Spent (TWS) est le mouvement de développeurs qui vise à créer des outils respectueux de notre attention. Créé par Tristan Harris et James Williams, deux anciens dirigeants de la Silicon Valley, TWS incite les géants du Web à remettre l'éthique au cœur de l'innovation en revoyant leur modèle d'affaires. Ce mouvement s'est structuré pour devenir en 2018 le Center for Humane Technology, qui alerte le grand public des dangers de certaines applications et de certains comportements, en s'alliant notamment à Common Sense Media. Le centre agit également auprès des entreprises du numérique en les incitant à revoir leur design et à les interpeler pour prévenir toute atteinte à l'intégrité morale et physique des utilisateurs.

Les États tentent également d'agir au niveau mondial. En 2021, 193 États membres de l'Unesco ont signé le premier instrument normatif mondial : une recommandation sur l'éthique de l'intelligence artificielle. Cette recommandation protège et promeut les droits humains et la dignité humaine, et constitue « une boussole éthique et un socle normatif mondial permettant d'instaurer un solide respect de l'État de droit dans le monde numérique ».

Les cent quatre-vingt-treize États signataires étaient partis du constat suivant : les États avaient besoin d'un cadre réglementaire international pour garantir que l'humanité tout entière profite des technologies émergentes ; mais également de s'assurer que l'IA reste centrée sur l'humain au service du citoyen.

En France, le Conseil national pilote d'éthique du numérique (CNPEN), placé sous l'autorité du Conseil consultatif national d'éthique (CCNE), a été créé en 2019, il a pour rôle de rendre des avis et d'éclairer le débat public sur les enjeux d'éthique du numérique et de rédiger des propositions relatives à la pérennisation de la réflexion nationale sur l'éthique du numérique. Après une série de travaux sur les enjeux d'éthique du véhicule autonome, de la télémédecine, de la désinformation, des applications numériques pour la maîtrise de la pandémie de Covid-19, le CNPEN a publié un « Manifeste pour une éthique du numérique ». Ce manifeste est l'occasion pour le CNPEN de réaffirmer sa raison d'être et son souhait de s'adresser à tous les citoyens dont les plus vulnérables. Le CNPEN souhaite également mettre sa réflexion au service des personnes et des institutions qui créent, développent, commercialisent, encadrent, réglementent et utilisent des technologies numériques.

L'éthique peut nous permettre de trouver les bonnes réponses à nos questions lors du développement de nouvelles technologies. Des questions telles que : comment concilier surveillance et liberté, transparence et sécurité ? L'éthique signifie aussi que les principes d'exploitabilité et d'éducation reviennent eux aussi au centre. C'est le seul moyen de rendre le développement technologique inclusif et donc au service de tous. Il faudra aussi tordre le cou à une idée répandue, qui est que l'éthique pourrait être un frein au développement technologique et à l'imagination.

Conclusion

Les torches de la liberté

> « Ne soyez pas naïfs […], on ne change jamais les choses en combattant la réalité existante. Pour changer quelque chose, construisez un nouveau modèle qui rendra inutile l'ancien. »
>
> Richard Buckminster Fuller

Aujourd'hui, le numérique et plus particulièrement l'intelligence artificielle jouent un rôle déterminant dans nos vies. Nous sommes des milliards d'utilisateurs et par conséquent, cette technologie a eu un impact tel qu'elle a transformé profondément nos sociétés. En bien, la plupart du temps, car il y a de nombreux avantages à ce que les technologies et l'IA accompagnent nos vies, dans les domaines de la santé, de l'éducation, de l'ingénierie, de l'environnement, de la conquête spatiale, notamment, mais il est urgent de mesurer les risques liés à une utilisation malveillante, naïve ou discriminante, surtout pour les utilisateurs fragiles que sont les enfants et plus largement les mineurs.

L'architecte et inventeur futuriste américain Richard Buckminster Fuller estime que ce serait faire preuve de naïveté que de vouloir combattre une réalité existante. La transformer semble plus réaliste. Nous en sommes capables ; nous l'avons fait par le passé, avec le tabac et son industrie notamment. Certes, l'industrie du tabac domine encore les marchés boursiers, mais la perception que nous avons collectivement de la cigarette n'est plus la même. Synonyme de cool, grande star d'Hollywood, symbole d'émancipation des femmes à la fin des années 1920, la cigarette incarnait une promesse de liberté. Certaines féministes américaines étaient allées jusqu'à renommer les cigarettes « les torches de la liberté ». Les dégâts causés par le travail de l'excellent communicant Edward Bernays engagé par George Washington Hill, puissant président de l'American Tobacco Company, se font encore sentir aujourd'hui. Il avait été recruté pour donner la meilleure image possible de la cigarette, et captiver une frange de la population américaine qui à l'époque était encore insensible à son charme : les femmes. C'est en instrumentalisant le mouvement féministe qu'Edward Bernays parvint à ses fins. Mais le publicitaire ne s'arrêta pas là puisqu'il parvint même à associer l'image de la cigarette au sport. Un comble quand on y pense aujourd'hui. Et on ne compte plus les fumeurs qui avouent avoir allumé leur première cigarette dès l'âge de 12 ans.

Cette époque semble lointaine, voire irréelle, tant, depuis, les médecins, les chercheurs, les associations, les États, se sont alliés pour imposer des règles strictes en matière de prévention, sur la base d'études scientifiques aux résultats sans appel. Plus personne ne peut ignorer les risques encourus lorsqu'il allume une cigarette, même électronique ; nous savons tous que le tabac tue encore plus de sept millions de personnes par an[1]. Un siècle plus tard, la notion d'addiction reconnue, ceux qui incarnent la liberté ne sont plus les fumeurs, mais ceux qui ont su résister aux sirènes de la nicotine ou ceux qui sont parvenus à s'en affranchir.

La problématique des écrans n'est pas la même, mais ce parallèle montre bien qu'il est tout à fait possible de changer une réalité toxique en transformant par exemple la perception d'un objet ou d'un style de vie.

Comprendre le monde numérique dans lequel évoluent nos enfants, sans que nous leur fournissions une quelconque protection, nous force à nous interroger sur la société de demain, celle que nous laisserons en héritage. La société de demain se dessine aujourd'hui. Les enfants d'aujourd'hui seront les adultes de demain. Nous expérimentons déjà les effets des dérèglements cognitifs, sociétaux, médicaux, conséquences de la façon irraisonnée dont nous utilisons les écrans. Nous sommes collectivement responsables de ces désordres.

Le fait qu'une jeunesse et une société tout entières soient biberonnées aux images violentes ou encore à la pornographie a forcément des conséquences graves sur notre vivre-ensemble. Je parle de pornographie, car les vidéos pornographiques sont celles qui sont le plus consommées sur Internet, comme le rappelle le sociologue Gérald Bronner : « Plus d'un tiers de vidéos regardées chaque jour dans le monde sont des produits pornographiques[2]. » Plus de 136 milliards de vidéos pornographiques sont vues chaque année. 21 % des jeunes de 14 à 24 ans en visionnent au moins une fois par semaine, dont 15 % des 14-17 ans. Pour 5 % d'entre eux, c'est plusieurs fois par jour, un chiffre qui s'élève même à 8 % pour la tranche 14-15 ans. 4 % des jeunes consultent ces contenus une fois par jour, 7 % plusieurs fois par semaine et 5 % une fois par semaine.

Souhaitons-nous une société faite d'individus souffrant de stress, de troubles du sommeil et dont l'estime de soi aurait disparu ? Une société où la représentation de la sexualité serait uniquement synonyme de violence et d'une image plus que dégradante de la femme ? Si les réponses à ces questions sont négatives, alors pourquoi continuer à favoriser l'accès précoce des mineurs aux smartphones, et ce dès l'école primaire ? L'ONU appelle régulièrement à déclarer « l'état d'urgence climatique », et le sujet du climat semble enfin faire consensus. Alors pourquoi feindre de ne pas voir les effets négatifs de cette hyperconnexion de plus en plus précoce sur l'environnement ? Avons-nous bien conscience que regarder sa série préférée en mobilité, sur son smartphone dernier cri, en 5G, a une empreinte carbone bien plus élevée que de la regarder dans son canapé, en famille, sur sa télévision ?

Si les algorithmes sont des armes de destruction mathématiques en puissance, comme le prédit Cathy O'Neil, alors pourquoi ne pas être plus exigeant sur leur conception, et pourquoi ne pas faire en sorte de les rendre plus accessibles au plus grand nombre, notamment aux plus jeunes dès le plus jeune âge ? Afin de rendre l'intelligence artificielle plus vertueuse et au service d'un projet de société commun à tous, pourquoi continuer à la concevoir comme un outil de monétisation transformant nos enfants en produit de consommation ? Pourquoi continuer à laisser nos sociétés démocratiques se polariser ainsi, en favorisant les voix les plus extrêmes, qui souvent ne représentent en réalité qu'une infime partie de la population pour lesquelles elles prétendent s'exprimer ?

La régulation des grandes plateformes dans nos pays démocratiques n'est pas suffisante s'agissant de la protection des mineurs. La France et l'Europe se sont emparées de ces sujets de régulation des grandes plateformes numériques assez tôt. Mais malgré les lois en vigueur, de la directive « services médias audiovisuel » (SMA), le règlement européen sur les services numériques (DSA) et le règlement général sur la protection des données (RGPD), force est de constater que la protection des informations personnelles des utilisateurs mineurs, la garantie du respect de leur vie privée, et plus généralement les droits des enfants ne sont pas suffisamment pris en compte.

Trop souvent lorsque l'on parle de renforcer la protection des mineurs dans l'univers numérique, on oppose le droit à la liberté, craignant que ces nouvelles lois ne viennent contrarier les libertés fondamentales des adultes. Le débat se déplace alors à tort sur le terrain de la morale et/ou sur celui des libertés fondamentales, sans jamais considérer que c'est le droit à l'innocence et le droit à la santé physique et mentale des enfants et des adolescents qui sont en jeu. Ce n'est plus acceptable.

La lutte contre l'exposition des mineurs à la pornographie, à la violence, au cyberharcèlement doit devenir une réalité et dépasser le stade du vœu pieux.

Les effets de ces grandes plateformes sur la démocratie, sur nos institutions, ont eu pour conséquence pour les institutions publiques et pour le législateur de se préoccuper en priorité de lutter contre l'influence de ces plateformes sur nos scrutins démocratiques. Cela a été une étape essentielle. Mais beaucoup reste à faire encore en matière de protection des mineurs.

On l'a vu, le gouvernement chinois semble soucieux des contenus que TikTok propose en masse à sa jeunesse, en allant jusqu'à proposer une version « intelligente » de TikTok aux enfants chinois, bien différente de la version internationale que nous utilisons en France. Le gouvernement chinois s'assure également que les plateformes étrangères comme Meta et Google ne viennent pas troubler l'ordre établi, en bridant ces applications.

Il ne s'agit pas d'aller jusqu'à la censure bien entendu, je suis bien trop attachée aux valeurs républicaines, démocratiques et à la liberté d'expression. Nous pourrions cependant et *a minima* faire appliquer les lois en vigueur, ou les renforcer pour contraindre tous les réseaux sociaux à vérifier l'âge de leurs utilisateurs ; la loi ne l'impose aujourd'hui qu'aux sites pornographiques, qui d'ailleurs ne la respectent pas. Le RGPD est un arsenal législatif formidable, pourquoi ne parvenons-nous pas à le faire appliquer et à le renforcer ?

Une réponse que l'on m'oppose souvent est de considérer que l'interdiction ne sert à rien. Que l'alcool, la cigarette, les jeux d'argent et de hasard, etc., sont interdits aux mineurs, mais que cela ne les empêche pas de contourner la loi et ces interdictions. C'est en partie oublier que ces excès ne les concernent pas tous. Les jeunes transgressent les règles, bravent les interdictions, cela fait partie de l'apprentissage de la vie ; mais les règles et les textes législatifs permettent d'inverser la perception que nous en avons collectivement. Il ne viendrait donc à l'idée d'aucun parent de fournir une cigarette ou un verre de vin à son enfant de 9 ans, et encore moins de l'exposer sciemment à un contenu pornographique. Cela s'apparenterait à de la maltraitance ; pour rappel, le fait de laisser un contenu pornographique librement accessible à un mineur est puni de trois ans d'emprisonnement et de 75 000 euros d'amende (article 227-24 du Code pénal). Or, force est de constater qu'il est considéré comme normal d'offrir un smartphone, sans contrôle parental, à un enfant en primaire, bien avant la quatrième, l'âge requis par les constructeurs eux-mêmes. En faisant cela, on expose son enfant à tous les risques qu'offrent les *rabbit holes*.

La dimension géopolitique est aussi à prendre en compte. Que nos enfants ne soient influencés que par des plateformes étrangères, Yubo et Dailymotion mises à part, devrait aussi nous interpeller. La notion de souveraineté culturelle ne devrait pas nous laisser indifférents. Il ne s'agit pas de protectionnisme rance ou de xénophobie, mais de permettre à nos enfants de s'ouvrir à plusieurs courants et de ne pas jeter en bloc la culture française et francophone. L'influence subie par nos enfants et nos adolescents, par un seul modèle, ne sera pas sans conséquence si nous poursuivons dans cette voie. Les gouvernements américains et chinois ont bien en tête cette notion de souveraineté culturelle pour favoriser économiquement leurs technologies et leur culture avant tout.

La crise que traversent les grandes plateformes numériques depuis plusieurs mois pourrait nous aider dans la refonte nécessaire de notre modèle social numérique. Les revers auxquels elles sont confrontées pourraient être perçus comme les signes annonciateurs d'une profonde remise en question de leur modèle d'affaires.

La valeur de Meta a décliné malgré son changement de nom. Des dizaines de milliers de personnes ont été licenciées ces derniers mois. Twitter a traversé une crise de gouvernance sans précédent depuis son rachat – bien trop cher – par Elon Musk. Appels au boycott du côté des utilisateurs ; révélations sur l'opacité avec laquelle étaient administrés les comptes de certains utilisateurs républicains par les repreneurs, sans compter de dénonciation du laxisme avec lequel était gérée la question de la protection des mineurs. Les mois qui viennent nous en diront plus sur les procédures lancées en justice par les uns et par les autres. Mais ces deux plateformes ne sont pas les seules à voir leur modèle mis à mal. TikTok est venu prendre des parts de marché importantes à YouTube et Snapchat. Le développement fulgurant de Gas, ce nouveau réseau social bienveillant racheté par Discord est aujourd'hui plébiscité par les jeunes car il n'y a justement pas question de comparaison social, et que le cyberharcèlement n'y est pas possible.

L'histoire du Web nous a montré combien nous étions capables de passer d'une plateforme à une autre, et ce très rapidement. Qui se souvient de MySpace, qui dominait pourtant le marché dans les années 2000. Les scandales successifs et notre prise de conscience ont peut-être eu raison de notre sociabilité numérique. Il faut dire qu'au départ il s'agissait simplement de se connecter, d'approfondir nos relations avec les personnes que nous connaissions ou que nous avions perdues de vue, que ce soit dans la vie privée avec Facebook ou dans le cadre professionnel avec LinkedIn. À l'époque, nous n'avions accès qu'aux photos et aux posts, de nos connaissances. Personne ne venait nous assommer avec des théories pontifiantes et la plupart du temps fumeuses, ou des théories du complot relayées des centaines de fois. Nous ne subissions pas non plus de sollicitations publicitaires, plus de cinq mille par jour en moyenne, c'est beaucoup trop, surtout lorsque l'on est enfant ou adolescent.

Malheureusement, le smartphone, cet outil formidable, qui lui aussi a changé nos vies, a repoussé la frontière de nos relations sociales et celle de nos enfants en nous promettant de les étendre au monde entier, de matérialiser notre quart d'heure de célébrité tant attendu. Du statut de connexion, de connaissances, nous sommes passés au statut d'abonnés ou de personnes à suivre, le deuxième étant bien évidemment le Graal absolu. La personne à suivre, ayant par définition la capacité d'influencer de nombreuses personnes et parfois de se faire rémunérer pour cela. La personne à suivre est devenue éditrice de contenus, comme le sont les médias classiques les chaînes de télévision et les stations de radio. « Youtuber » et « influenceur » sont devenus des statuts sociaux à part entière et à atteindre pour beaucoup de jeunes à travers le monde, pour qui la renommée offerte par les réseaux sociaux semble (à tort) plus facile à atteindre et plus rémunératrice que ce que le marché mondial de l'emploi a à leur offrir. Comment leur en vouloir : les réseaux sociaux ont fait la démonstration qu'ils sont le moyen d'atteindre un public massif à faible coût et pour un gain élevé.

Twitter, notre « place publique mondiale », comme l'a décrit Elon Musk, était là pour permettre aux utilisateurs de dialoguer et de s'exprimer librement. C'est la raison pour laquelle c'était la plateforme de prédilection des populations opprimées, des dissidents chinois, des manifestants des printemps arabes et de bien d'autres. Twitter incarnait la liberté d'expression. C'est pour cela que les journalistes y sont si attachés. Il faut reconnaître aussi que seul ce réseau leur a offert la capacité d'être lus par autant de monde en un tournemain. Twitter est devenu en quelques années l'endroit où s'informer en temps réel, une agence fournissant du contenu en permanence. Mais ce Twitter-là n'est plus que marginal, Twitter est surtout devenu la plateforme de la punchline au détriment de l'autre, du cyberharcèlement en meute sous pseudonyme et de l'accès libre aux contenus pornographiques, Twitter étant le seul réseau à ne pas interdire ce type de contenus dans ses conditions générales d'utilisation. Après sa reprise fracassante, Elon Musk a assuré qu'il avait demandé que cela soit modifié. Nous attendons toujours !

L'apparition des fonctionnalités permettant de transférer du contenu a malheureusement accéléré la viralisation massive de la désinformation comme nous l'avons vu. Il y a un avant et un après le « retweet » et le « partage ».

Nous savons que pour beaucoup, l'implosion du système actuel serait une catastrophe, économique, mais aussi narcissique. Nombreux sont ceux qui font tout pour cela n'arrive pas. Imaginez une vie sans *likes* ! Les appels aux boycotts ressemblent souvent à d'immenses cris d'amour à l'égard des plateformes en question, en espérant qu'elles changent et non pas qu'elles disparaissent. C'est ce qu'expriment les journalistes et les politiques concernant Twitter, les influenceurs sur Instagram ou TikTok, etc.

Le changement ne se fera pas en un jour, notre dépendance aux réseaux sociaux est au moins aussi forte que celle du tabac même si, dans le premier cas, il ne s'agit pas d'une addiction au sens médical du terme. Mais nous avons en définitive arrêté de fumer massivement. Espérons seulement qu'il faudra moins de temps pour y parvenir.

Ce livre est mon plaidoyer pour en finir avec notre naïveté, pour une reprise en main de notre destinée numérique. La nouvelle frontière doit être synonyme de progrès et d'émancipation civilisationnelle et non de déclin ou de désordre. La réintroduction de l'éthique dans l'entreprise et l'innovation technologique doit redevenir une priorité. Il n'est plus concevable que les machines et les algorithmes échappent au contrôle de leurs créateurs.

L'autorégulation et la régulation ne peuvent pas tout. La solution se trouve aussi dans notre capacité à changer, à faire bouger les lignes du modèle qui est le nôtre aujourd'hui. Nous devons totalement repenser notre façon d'appréhender le numérique, et avant toute chose la façon dont nous l'envisageons pour nos enfants et pour les générations futures. Il en va de la survie de notre espèce et de notre planète.

Annexe

Synthèse de la conférence annuelle de l'AAAI en 2009

De cette conférence sont nés vingt-trois grands principes. Le développement continu de l'intelligence artificielle, guidé par les principes suivants, offrira des opportunités incroyables pour aider et autonomiser les gens dans les décennies et les siècles à venir.

1) Objectif de la recherche : l'objectif de la recherche sur l'IA devrait être de créer non pas une intelligence non dirigée, mais une intelligence bénéfique.

2) Financement de la recherche : les investissements dans l'IA devraient s'accompagner d'un financement de la recherche visant à garantir son utilisation bénéfique, y compris des questions épineuses en informatique, en économie, en droit, en éthique et en sciences sociales, telles que :

- Comment pouvons-nous rendre les futurs systèmes d'IA hautement robustes, afin qu'ils fassent ce que nous voulons sans dysfonctionnement ni piratage ?
- Comment pouvons-nous accroître notre prospérité grâce à l'automatisation tout en préservant les ressources et l'objectif des personnes ?
- Comment pouvons-nous mettre à jour nos systèmes juridiques pour qu'ils soient plus justes et

efficaces, pour suivre le rythme de l'IA et pour gérer les risques associés à l'IA ?

- Sur quel ensemble de valeurs l'IA devrait-elle s'aligner, et quel statut juridique et éthique devrait-elle avoir ?

3) Lien science-politique : il devrait y avoir des échanges constructifs et sains entre les chercheurs en IA et les décideurs.

4) Culture de la recherche : une culture de coopération, de confiance et de transparence devrait être encouragée parmi les chercheurs et les développeurs d'IA.

5) Évitement de course : les équipes qui développent des systèmes d'IA doivent coopérer activement pour éviter de prendre des raccourcis en matière de normes de sécurité.

Éthique et valeurs

6) Sécurité : les systèmes d'IA doivent être sûrs et sécurisés tout au long de leur durée de vie opérationnelle, et de manière vérifiable, le cas échéant et dans la mesure du possible.

7) Transparence des défaillances : si un système d'IA cause des dommages, il devrait être possible de déterminer pourquoi.

8) Transparence judiciaire : Toute implication d'un système autonome dans la prise de décision judiciaire doit fournir une explication satisfaisante vérifiable par une autorité humaine compétente.

9) Responsabilité : les concepteurs et les constructeurs de systèmes d'IA avancés sont des parties prenantes dans les implications morales de leur utilisation,

de leur mauvaise utilisation et de leurs actions, avec une responsabilité et une opportunité de façonner ces implications.

10) Alignement sur les valeurs : les systèmes d'IA hautement autonomes doivent être conçus de manière à garantir que leurs objectifs et leurs comportements s'alignent sur les valeurs humaines tout au long de leur fonctionnement.

11) Valeurs humaines : les systèmes d'IA doivent être conçus et exploités de manière à être compatibles avec les idéaux de dignité humaine, de droits, de libertés et de diversité culturelle.

12) Confidentialité : les personnes doivent avoir le droit d'accéder, de gérer et de contrôler les données qu'elles génèrent, considérant le pouvoir des systèmes d'IA d'analyser et d'utiliser ces informations.

13) Liberté et confidentialité : l'application de l'IA aux données personnelles ne doit pas restreindre de manière déraisonnable la liberté réelle ou perçue des personnes.

14) Bénéfice partagé : les technologies d'IA devraient bénéficier à autant de personnes que possible et les autonomiser.

15) Prospérité partagée : la prospérité économique créée par l'IA devrait être largement partagée, au profit de toute l'humanité.

16) Contrôle humain : les humains doivent choisir comment et s'il faut déléguer les décisions aux systèmes d'IA, pour atteindre les objectifs choisis par l'homme.

17) Non-subversion : le pouvoir conféré par le contrôle des systèmes d'IA hautement avancés doit respecter et améliorer, plutôt que renverser les processus sociaux et civiques dont dépend la santé de la société.

18) Course aux armements IA : une course aux armements dans les armes autonomes létales doit être évitée.

Problèmes à plus long terme

19) Attention aux capacités : en l'absence de consensus, nous devrions éviter les hypothèses fortes concernant les limites supérieures des futures capacités de l'IA.

20) Importance : l'IA avancée pourrait représenter un changement profond dans l'histoire de la vie sur Terre et devrait être planifiée et gérée avec un soin et des ressources proportionnés.

21) Risques : les risques posés par les systèmes d'IA, en particulier les risques catastrophiques ou existentiels, doivent faire l'objet d'efforts de planification et d'atténuation proportionnels à leur impact attendu.

22) Auto-amélioration récursive : les systèmes d'IA conçus pour s'améliorer ou se reproduire de manière récursive, ce qui pourrait conduire à une augmentation rapide de la qualité ou de la quantité doivent être soumis à des mesures de sécurité et de contrôle strictes.

23) Bien commun : la superintelligence ne devrait être développée qu'au service d'idéaux éthiques largement partagés et pour le bénéfice de toute l'humanité plutôt que d'un État ou d'une organisation.

Notes

Introduction : Internet, de l'utopie au désenchantement

1. Ronda Hauben, *The Internet : On its International Origins and Collaborative Vision*, 2004.
2. « The effort at developing the Internet Protocols was international from the beginning » (Vinton Cerf).
3. Transmission Control Protocol/ Internet Protocol
4. Centre européen pour la recherche nucléaire
5. Steve Job, « You've got to find what you love », *Stanford News*, 12 juin 2005.

Première partie
Le règne de la distraction perpétuelle

1. Le piège du *rabbit hole* : toujours plus, et toujours rien

1. *Scroll* : « faire défiler », en informatique.
2. Benjamin Mooneyham et Jonathan Schooler, « The Costs and Benefits of Mind-Wandering », *Canadian Journal of Experimental Psychology*, vol. 67, n° 1, 2013, p. 11-18.
3. Kathryn Schulz, « The Rabbit-Hole Rabbit Hole », *The New Yorker*, 4 juin 2015.

4. L'âge moyen d'inscription sur les réseaux sociaux est de 8,5 ans selon la CNIL.

5. IFOP pour l'Observatoire de la parentalité et de l'éducation numérique, 2017, et étude Médiamétrie pour l'OPEN et l'UNAF, 2020.

6. Sondage Opinionway pour *20 Minutes*, avril 2018.

7. IFOP pour l'Observatoire de la parentalité et de l'éducation numérique, 2017.

8. « *You take the blue pill, the story ends, you wake up in your bed and believe whatever you want to believe. You take the red pill, you stay in wonderland, and I show you how deep the rabbit hole goes* », phrase prononcée par Morpheus dans *The Matrix*.

9. « *Fear of missing out* ».

10. Voir *L'Archipel français*, Seuil, 2019.

2. Jeux d'enfants ?

1. « Ne te défonce pas avec ta propre marchandise ! »

2. Antonius van Rooij *et al.*, « A weak scientific basis for gaming disorder : Let us err on the side of caution », *Journal of Behavioral Addictions*, vol. 7, n° 1, 2008.

3. Bill Gates, « An open letter to hobbyists » (« Lettre ouverte aux amateurs »), 31 janvier 1976.

3. Qu'en est-il de la santé mentale de nos enfants ?

1. La génération Y, les milléniaux (de l'anglais : *millennials*) ou les millénariaux regroupent l'ensemble des personnes nées entre le début des années 1980 et la fin des années 1990.

2. La génération X désigne, selon la classification de William Strauss et Neil Howe, le groupe des Occidentaux nés entre 1966 et 1976.

3. Sherry Turkle, *Reclaiming Conversation: The Power of Talk at Digital Age*, Penguin, 2016.

4. La génération Z est la génération des personnes nées entre 1997 et 2010.

4. La tyrannie de l'image de soi

1. Source : Médiamétrie.

6. Faut-il avoir peur de la métavers ?

1. Neal Stephenson, *Le Samourai virtuel* (1996), Robert Laffont, 1999.
2. Ethereum est une blockchain décentralisée et open source avec une fonctionnalité de contrat intelligent. Ether est la crypto-monnaie native de la plateforme.

Deuxième partie
Le Web intelligent serait-il abêtissant ?

1. Discours de Steve Job aux étudiants de Stanford, « You've got to find what you love », *Stanford News*, 12 juin 2005.

1. L'éternelle question

1. « "La surexposition des jeunes enfants aux écrans est un enjeu majeur de santé publique" », *Le Monde*, 31 mai 2017.
2. La régression de Poisson est un modèle linéaire généralisé, qui sert à modéliser le nombre d'observations d'un certain événement dans une unité d'échantillonnage définie.
3. Wendy L. Josephson, *Étude sur les effets de la violence télévisuelle sur les enfants selon leur âge*, Patrimoine canadien, 1995.

2. « Vous avez une notification »

1. En informatique, un troll désigne un individu cherchant l'attention par la création de ressentis négatifs, ou un comportement qui vise à générer des polémiques. Il peut s'agir d'un message, d'un débat conflictuel dans son ensemble ou plus couramment de la personne qui en est à l'origine.

4. Ce que disent les études scientifiques

1. Dimitri A. Christakis *et al.*, « Early television exposure and subsequent attention problems in children », *Pediatrics*, vol. 113, n° 4, avril 2004.

2. Hikaru Takeuchi *et al.*, « The impact of television viewing on brain structures: Cross-sectional and longitudinal analyses », *Cerebral Cortex*, vol. 25, n° 5, 2015.

3. Manon Collet *et al.*, « Case-control study found that primary language disorders were associated with screen exposure », *Acta Pediatrica*, vol. 108, n° 6, juin 2019.

4. Deborah L. Linebarger et Dale Walker, « Infants and toddlers television viewing and language outcomes », *American Behavioral Scientist*, vol., 8, n° 5, 2005.

5. Yusuke Moriguchi et Kazuo Hiraki, « Neural basis of learning from television in young children », *Trends in Neuroscience and Education*, vol. 3, n° 3-4, sept.-déc. 2014, p. 122-127.

Troisième partie
Nos enfants, ces parfaits produits de consommation

1. Du statut de consommateur à celui de produit

1. Jaron Lanier, *Internet : Qui possède notre futur ?*, Le Pommier, 2014.

7. La persuasion massive

1. Arthur Schopenhauer, *L'Art d'avoir toujours raison*, 1830.

8. La révolution de l'IA

1. Cathy O'Neil, *Weapons of Math Destruction*, Crown, 2016.

Quatrième partie
Parents 4.0

2. Des habitudes à changer

1. Junior Connect, étude annuelle réalisée par les groupes Bayard/Milan et Unique Heritage Media depuis 2012.
2. L'OFCOM est l'autorité britannique de régulation des télécommunications. Elle est l'équivalent de l'Arcom et de l'Arcep en France.
3. « D'abord le président de l'Arcom leur adressera une injonction de se mettre en conformité avec la loi, puis il pourra saisir

le président du tribunal judiciaire de Paris afin qu'il ordonne aux opérateurs de rendre impossible l'accès à ces sites qui ne pourront donc plus être consultés depuis la France. »

4. Loi du 30 juillet 2020 visant à protéger les victimes de violences conjugales.

3. Établir des règles claires

1. Le *revenge porn* ou vengeance pornographique est le fait de rendre public un contenu sexuel sans le consentement de la personne apparaissant sur le contenu, dans le but de se venger. Depuis la loi du 7 octobre 2016, il est puni de deux ans d'emprisonnement et 60 000 euros d'amende.

4. L'éducation aux médias, à l'information et à la citoyenneté numérique

1. L'Arcom est née de la fusion du CSA et de la Hadopi.

5. Le contrôle parental

1. Âge préscolaire : de 3 à 5 ans, entre 10 heures et 13 heures de sommeil.

Âge scolaire : de 6 à 13 ans, entre 9 heures et 11 heures de sommeil.

Adolescent : de 14 à 17 ans entre 8 heures et 10 heures de sommeil.

6. Le respect de la vie privée et des données personnelles des enfants

1. « L'âge du consentement », étude McAfee, 2018.
2. Loi du 19 octobre 2020 visant à encadrer l'exploitation commerciale de l'image d'enfants de moins de 16 ans sur les plateformes en ligne.
3. Le FALC (facile à lire et à comprendre) est une méthode de langage simplifié.
4. Votée aux États-Unis en 1998, la loi COPPA protège la vie privée des enfants sur Internet. Cette loi concerne la collecte, par des personnes physiques ou morales sous le joug de la juridiction des États-Unis, d'informations sur les mineurs de 13 ans.

CINQUIÈME PARTIE
ET L'ÉTAT DANS TOUT CELA ?

1. L'évolution législative

1. Google (Alphabet), Appel, Facebook (Meta), Amazon, Microsoft.
2. Loi du 19 octobre 2020 visant à encadrer l'exploitation commerciale de l'image d'enfants de moins de 16 ans sur les plateformes en ligne.
3. Loi du 2 mars 2022 visant à renforcer le contrôle parental sur les moyens d'accès à Internet.
4. Loi du 24 juin 2020 visant à lutter contre les contenus haineux sur Internet.
5. Loi du 24 août 2021 confortant le respect des principes de la République.
6. Le règlement européen sur les services numériques (DSA) vise une responsabilisation des plateformes.
7. Loi du 30 juillet 2020 visant à protéger les victimes de violences conjugales.

8. « La surexposition des enfants aux écrans pourrait être le mal du siècle », *Le Monde,* 10 décembre 2021.

3. En Europe

1. Règlement (UE) 2019/1150 du Parlement européen et du Conseil.
2. EU Centre on Child Sexual Abuse (EU Centre)

4. Aux États-Unis, la liberté en question

1. Loi n° 86-1067 du 30 septembre 1986 relative à la liberté de communication (loi Léotard).

5. Ne plus décorréler l'éthique de l'innovation

1. Isaac Asimov, *Les Robots* (1950), J'ai lu, 2019.

Conclusion : Les torches de la liberté

1. Organisation mondiale de la santé.
2. Gérald Bronner, *Apocalypse cognitive*, PUF, 2021.

Remerciements

L'industrie audiovisuelle, cinématographique et numérique est ma maison professionnelle depuis plus de vingt-cinq ans. J'ai pu observer de l'intérieur l'incroyable transformation de cette industrie et de ses usages, en ayant l'opportunité de rencontrer celles et ceux qui ont été à l'origine de nombreuses innovations. C'est de cette expérience et de ces rencontres que se nourrit se livre.

L'écriture est un chemin solitaire, et je mesure ma chance de ne jamais m'être sentie seule dans cette belle aventure grâce à mon éditrice et amie Muriel Beyer, qui m'a encouragée et honorée de sa confiance. Je remercie également toute son équipe des Éditions de l'Observatoire, Laurent Nunez en particulier, d'avoir plongé tête la première dans ce *rabbit hole* !

Je salue le travail des experts et professionnels de la protection des mineurs qui tels des anges gardiens se battent pour le bon épanouissement de nos enfants hors et en ligne : les psychologues du développement et de neurosciences cognitives de l'éducation, les enseignants, les associations, les médecins, les *data-scientists*, les sociologues, les juristes, les créateurs de contenus pour enfants et adolescents, les chercheurs dont je cite les travaux, les magistrats, et la brigade des mineurs qui font tous avancer le débat de façon constructive. Sans oublier les lanceurs d'alerte et ces collaborateurs qui, au sein de grandes plateformes numériques, s'emploient à faire bouger les lignes.

Pour la qualité de nos échanges toujours stimulants sur ces questions je tenais à remercier chaleureusement Béatrice Copper Royer, Justine Atlan, Aurélie Jean, George Picherot et Grégoire Borst qui m'a guidé aux confins des méandres du cerveau ; ainsi que mes collègues successifs au sein du Collège du CSA puis de l'Arcom.

Je remercie également mes pairs au sein du Conseil d'administration de la Fondation Descartes pour les valeurs que nous avons en partage et que nous défendons, ainsi que mes pairs au sein du PEGI Council, pour ces regards européens croisés sur l'industrie du jeu vidéo et de la protection des mineurs.

J'ai une pensée pour ma grande famille Bienaimé, ma belle-famille et ma mère en particulier pour son soutien inconditionnel.

Enfin, et parce que rien ne serait possible sans eux, un merci infini à Guillaume, mon soleil, et à nos enfants Augustin et Joséphine, à qui je dédie ce livre. De la terre à la lune, sans retour.

Table

Troisième partie
Nos enfants, ces parfaits produits de consommation

Quatrième partie
Parents 4.0

CINQUIÈME PARTIE
ET L'ÉTAT DANS TOUT CELA ?

Composition et mise en pages
Nord Compo à Villeneuve-d'Ascq

CET OUVRAGE
A ÉTÉ ACHEVÉ D'IMPRIMER
SUR ROTO-PAGE
PAR L'IMPRIMERIE FLOCH À MAYENNE
EN AVRIL 2023

N° d'impression : 102387
Imprimé en France